T0244190

CÍRCULO DE MUJERES

cincotintas

CÍRCULO DE MUJERES

ANOUSHKA FLORENCE

INTRODUCCIÓN

DESDE NIÑA, SIEMPRE HE SENTIDO LA LLAMADA DEL CÍRCULO.

Me atraía el ritual de la reunión, de juntarse familia y amigos, y la seguridad que sentía en el seno de todo ello.

Crecí en una comunidad judía cerrada, donde fui testigo de las reuniones para celebrar festividades, lunas nuevas, fiestas señaladas por las estaciones, ritos de paso y de amor y de pérdida.

Estos hitos sembraron en mí el conocimiento de lo mucho que nos necesitamos unos a otros. El deseo de unirnos, ser vistos y escuchados, es la clave de buena parte de lo que buscamos colectivamente. Aprendí temprano que no estamos hechos para la vida en solitario.

La experiencia iba de la mano con una madre bohemia que se dedicaba a la creación de espacios sagrados. De pequeña, la observaba mientras transformaba casas de personas en remansos de paz. Nuestro hogar cambiaba constantemente, según su humor. Los muebles cambiaban de lugar, las paredes de color, y los aromas lo inundaban todo.

Me enseñó la importancia de los espacios y su poder para retener y canalizar la energía. Heredé este don, que ella había heredado de su madre, y esta de la suya, y así hasta formar un hilo rojo, una línea de seres conscientes de la importancia de los espacios sagrados.

Al crecer, abandoné la estricta religión patriarcal para encontrar mi propio camino. Deseaba una conexión más profunda con mi interior, comprender mi naturaleza femenina, transitar por los ciclos de la femineidad de manera más completa. Necesitaba comprender quién era yo y qué quería de la vida. Creo que llega un momento en la vida en que sentimos la necesidad de dejar lo que conocemos para emprender un viaje más profundo.

Al seguir el mío, experimentando las dificultades y retos que nos presenta la vida, me encontré buscando refugio y solaz. Un lugar donde ser vista, escuchada y ser testigo. Un espacio para recentrarme mientras me adentraba en mi camino. Un espacio para reunirme con los demás, al cual pertenecer y donde recordar que, aunque este era mi camino, no lo recorría sola.

Ah, el Círculo me llamaba de nuevo.

Al no saber dónde hallar espacios así, decidí crearlos yo misma. Buscando otras mujeres que deseaban un espacio igual, me di cuenta de que este deseo partía de un hilo más profundo de lo que imaginaba; un hilo compartido por todas las mujeres: el hilo del Círculo de las Mujeres.

La intención del presente libro es reconectarnos a todas a nuestros hilos internos, los hilos que nos unen, que tejen nuestra unión.

Creo que es un libro más necesario que nunca. Al llevar separadas tanto tiempo, espero que al reunirnos de nuevo lo hagamos con significado, con intención, con sacralidad.

Por eso, este libro es una oda a la recuperación de la antigua práctica femenina del Círculo de Mujeres, con la intención de rescatar el significado, simbolismo y curación en los momentos de nuestras vidas en que más lo necesitamos.

¿PARA QUIÉN ES ESTE LIBRO?

Para toda mujer que se sienta llamada a organizar o participar en un Círculo.

Empleo los términos Mujer/Mujeres/ella a lo largo del libro, pero quisiera aclarar que los hago extensivos a cualquier ser no binario o que se identifique con lo femenino. Quiero que sepas que reconozco tu magia y tu poder.

Por una cuestión práctica, el libro se ha escrito a través de la mirada de la Mujer que organiza el Círculo. Una Mujer que es la encargada del espacio para el Círculo; la responsable de prepararlo, crearlo y ofrecerlo como se describe en el libro. Por supuesto, ella también participa en el Círculo, pero como tiene más tareas, aconsejo que se vayan organizando Círculos por turnos.

Recuerda que la naturaleza del Círculo significa que no existe una jerarquía. Una vez en el Círculo, verás que cada una aporta algo al espacio, y cada hilo es igual de poderoso e importante. Estos hilos tejen el tapiz del Círculo.

CÓMO FUNCIONA ESTE LIBRO

Existe un flujo en un Círculo de Mujeres que une el principio con el final y el final con el principio. Por lo general, el flujo de un Círculo de Mujeres te guiará por un viaje en espiral descendente hacia tu interior hasta que algo cambiará y estarás lista para emerger de nuevo.

Para ilustrar lo que se describe en el libro, y con la intención de hacer accesibles estos espacios y facilitar su organización, he ideado una plantilla para crear y ofrecer los Círculos que se presentan en el libro.

A lo largo del texto, encontrarás una bella selección de Círculos para organizar en distintos momentos de la vida. Cada uno sigue el formato que muestro aquí, pero explora diferentes rituales, prácticas e ideas.

Cuando estés familiarizada con el flujo, tu Círculo se convertirá en un entorno ideal para que transite la magia. Prepárate, porque empieza el viaje.

MANDALA PARA CÍRCULOS DE MUJERES

PREPARAR EL ESPACIO

ABRIR EL ESPACIO

COMUNICAR LA ENERGÍA

MEDITACIÓN

ABRIRSE Y COMPARTIR

ELEGIR CARTAS

RITUAL

CERRAR EL CÍRCULO

CÍRCULOS
DE MUJERES

*   *   *

¿QUÉ ES UN CÍRCULO
DE MUJERES?

UN CÍRCULO DE MUJERES ES UN ESPACIO SAGRADO DE ENCUENTRO CREADO CON UNA INTENCIÓN.

E S UN ESPACIO donde se reúnen las Mujeres y se sientan en un Círculo sagrado creado con la intención de que se sientan seguras, vistas, escuchadas y sean testigo en su viaje por la vida.

Un espacio sagrado libre de juicios, competencias, expectativas, presión y ruido. Un espacio sagrado exento de las exigencias del mundo exterior, un espacio solo para nosotras, para la introspección, la reconexión y el regreso al hogar. Un refugio para el espíritu de lo femenino.

En todo el mundo, las Mujeres están regresando, se reúnen bajo la luna en un apartamento, se bañan en ríos, celebran ceremonias bajo árboles centenarios, crean espacios sagrados en parques municipales, centros de yoga, salones, patios.

En todo el mundo, las Mujeres recuerdan cómo crear y organizar un espacio compartido. En todo el mundo, las Mujeres están empezando a juntarse. Si sientes la llamada, entonces también estás invitada.

¿Cómo saber si estás lista para organizar una reunión?

La llamada es el inicio. El hecho de sostener este libro en las manos, independientemente de cómo haya llegado a ti, es la señal de que el Círculo te llama.

Escucha, presta atención al anhelo, confía en el camino, y recuerda que el Círculo vive en el interior de todas nosotras.

Ya tienes todo lo que se necesita para comenzar.

Sé que muchas os preguntaréis: «¿Cómo sabré qué hacer? ¿Por dónde empiezo?».

Querida, hay tanto que compartir que lo mejor es empezar por el principio.

LOS CÍRCULOS DE MUJERES VIENEN DE LEJOS,
EN NUESTRO INTERIOR LOS CONOCEMOS,
LOS SENTIMOS, LOS ANHELAMOS.

AL REGRESAR A ELLOS,
SENTIMOS A LAS QUE NOS PRECEDIERON,
LAS QUE CONOCIERON SU DIVINIDAD,
LAS QUE FUERON LIBRES.

Y, AL MISMO TIEMPO,
SENTIMOS EL DOLOR,
EL DOLOR DE LA PROHIBICIÓN
QUE ROMPIÓ LOS CÍRCULOS.

POR ESO CUANDO VOLVEMOS A FORMAR UNO,
RECLAMAMOS NUESTRO PODER,
LA LUZ Y LA OSCURIDAD, LA SABIDURÍA Y LA MAGIA.

CON UNA SANACIÓN COLECTIVA
Y UN RECUERDO COLECTIVO,
DESPERTAMOS.

POR NUESTRAS ABUELAS.
POR NUESTRAS HIJAS.
POR NUESTRAS HERMANAS,
NUESTRAS MADRES, NOSOTRAS.

NO HAY LUGAR MÁS SEGURO
PARA UNA MUJER
QUE EL ESPACIO
Y LA SACRALIDAD DEL CÍRCULO.

UN ESPACIO PARA RECORDAR QUIÉN ERES EN REALIDAD.
Y AL RECORDAR QUIÉN ERES,
RECHAZAS LO QUE TE DIJERON QUE DEBÍAS SER.

ORÍGENES DEL CÍRCULO

Un Círculo con un centro sagrado es la forma más antigua conocida de interacción social. Es el modo en que las comunidades se reunían para interactuar, comer, conversar y transmitir historias y sabiduría. Un sitio donde todas las generaciones se juntaban.

Hallamos precedentes del Círculo en todas las culturas antiguas: es la típica forma mediante la que crear un espacio al que pertenecer.

El Círculo de Mujeres emergió de ahí: de la plasmación de la necesidad de separar la energía de lo femenino y lo masculino para que estuvieran equilibradas. Como cada energía dispone de su propio poder, era importante que el pueblo creara los espacios para que cada una se replegara.

Los primeros Círculos documentados datan del año 800 y son de raíces africanas. Eran espacios típicamente creados para apoyar a las Mujeres durante la menstruación. Al vivir próximas unas con otras, no habría sido inusual que todas las mujeres de una comunidad menstruaran al mismo tiempo. Algunas de vosotras habréis experimentado que nuestros ciclos tienden a sincronizarse con los de las mujeres más cercanas. Círculos de Mujeres, Carpas Lunares, Cabañas de Menstruación o Carpas Rojas son nombres que describirían estos espacios sagrados creados para las Mujeres.

Al vivir en armonía con la naturaleza exterior y propia, el sangrado era una señal de retiro. Las Mujeres dejaban el poblado para vivir juntas en una cabaña, alejadas de su vida cotidiana, sus familias y sus responsabilidades diarias. Estos espacios se creaban para que las Mujeres descansaran, se apoyaran y dispusieran de la ocasión para viajar a su interior. Porque se creía que las Mujeres eran más poderosas en este momento del ciclo.

Las comunidades rogaban a las Mujeres Sangrantes que aprovecharan el momento para pedir orientación y mensajes a los espíritus. Las Mujeres recibían y canalizaban visiones proféticas que relataban a sus comunidades al terminar el ciclo. Existía una profunda comprensión de la conexión de las Mujeres con la naturaleza y de su poder, especialmente en dicho momento. Por eso, las Carpas Rojas eran un espacio de culto, para sanar, liberarse, soñar un nuevo futuro.

Las tradiciones de estos espacios se encuentran en diversas comunidades, pueblos y ciudades de todo el mundo. Estos espacios respondían a necesidades femeninas tan profundas en todo el mundo que las Mujeres se reunían sin siquiera saberlo en estos lugares sagrados.

No obstante, un Círculo de Mujeres no estaba solo reservado para honrar la menstruación. Estos espacios eran lugares comunitarios, donde las Mujeres podían encontrarse y arreglar el mundo.

En algunas tribus norteamericanas, eran lugares para discutir temas del poblado, y el Círculo era un espacio seguro para exponer opiniones e ideas. En Pakistán se los denomina *bashalis*, espacios sagrados donde se reúnen las mujeres y prohibidos a los hombres. Estos lugares creaban una sensación de libertad y liberación de las responsabilidades. Un espacio propio donde poder respirar. En comunidades paganas, a menudo se dedicaban a honrar los ciclos lunares, las estaciones y los solsticios.

Dentro del judaísmo, las Mujeres se reunían cada luna nueva para celebrar el inicio del nuevo ciclo.

Los Círculos de Mujeres todavía tienen lugar en muchas comunidades indígenas de todo el mundo. Al saber que los Círculos de Mujeres seguían vivos allí, me puse en contacto con una mujer que los organizaba en Australia. Le pregunté si estaría dispuesta a compartir información sobre las tradiciones y rituales que tienen lugar en estos espacios.

Su respuesta reforzaba el sentido del Círculo. Me contó que este conocimiento es sagrado y que lo que ocurre en el Círculo se queda en el Círculo. La verdad es que fue difícil estudiar la historia de los círculos de mujeres, pero solo porque estos espacios son y han sido siempre sagrados. Como me transmitió la mujer australiana, lo que ocurre en el Círculo se queda en el Círculo. No es necesario documentar estos espacios para demostrar que existen, porque están vivos dentro de cada una.

Todas poseemos un hilo que recorre nuestro linaje femenino; un hilo que, si profundizamos lo bastante, nos conduce al tiempo en que nuestras antepasadas se sentaron en un Círculo sagrado.

De modo que la historia pervive a través de nosotras. Te invito a encontrar tu hilo.

Te prometo que en cuanto vuelvas a entrar en el Círculo, empezarás a sentirlo, los recuerdos, el apoyo, la sacralidad. Cuanto más te internes en él, más profunda será la memoria. Hallarás tu propia historia, como mujer.

¿QUÉ PASÓ CON LOS CÍRCULOS?

Para algunas culturas, los círculos nunca desaparecieron. Culturas donde la naturaleza sigue siendo el centro de estos espacios sagrados para las Mujeres. Sin embargo, para la mayoría de nosotras, en Occidente, a medida que el patriarcado y la religión organizada crecieron, los espacios femeninos, los rituales, las tradiciones y las comunidades se prohibieron, hasta el punto de que en el siglo xv se publicó *El martillo de las brujas*, un manual que explicaba cómo cazar y perseguir a las Mujeres y su poder. Marcó el inicio de la destrucción de las tradiciones y enseñanzas espirituales femeninas.

El texto inspiró más de doscientos años de persecución de Mujeres, y condujo a los juicios por brujería. Se quemaba a las Mujeres en una masacre que nos persigue hasta la actualidad. Las Mujeres que habían sido reverenciadas y honradas, eran ahora temidas y cazadas.

Esto fue el principio del fin, ya que no nos podíamos reunir ni crear estos espacios para conectar y compartir. Bajo el patriarcado, cualquiera que tuviera poder era obligada a someterse. Los hombres se sentían amenazados por el poder de las Mujeres, de modo que ellas se vieron obligadas a esconderlo. Lo enterraron tan hondo que olvidaron dónde lo habían escondido.

Durante siglos, las Mujeres se han negado el acceso a su poder, a los espacios sagrados que lo fomentan y a los tesoros que guarda la antigua práctica del Círculo de Mujeres.

Mujeres de todo el mundo notan que algo se mueve bajo sus pies con la llamada para retomar nuestro poder. Nos damos cuenta de que no lo hemos olvidado, solo enterrado en nuestro interior para protegernos y proteger a hermanas e hijas. Tuvimos que ocultarlo para sobrevivir.

Pero, hermanas, ahora vamos a escribir nuestra historia, que reclama nuestro retorno.

Los Círculos brotan por todo el mundo, como semillas plantadas hace muchas lunas por las Mujeres que nos precedieron. Semillas de esperanza en el recuerdo de nuestro poder, nuestra magia y los Círculos que nos unen.

Ahora es el momento. Llevamos siglos esperando la hora de sentirnos seguras para volvernos a reunir.

Tal vez ahora te toque a ti. Dentro de ti, escuchas la llamada de las Mujeres que te precedieron, para que recuperes la sabiduría del Círculo. Quizás si cierras los ojos y te quedas muy quieta puedas descubrir la memoria de un Círculo donde estuviste alguna vez. Vamos, cierra los ojos, respira hondo. Tal vez veas un Círculo de Mujeres reunidas alrededor de una hoguera. Tal vez empieces a prestar atención al lugar donde estás, las Mujeres con las que estás. Y tal vez aquí te des cuenta de que siempre lo has llevado dentro. El presente libro es una invitación a volver a entrar, a redescubrir el poder de tu interior, a mostrarlo, sanar, ver, soñar y compartir un mundo para ti y los que te rodean. El poder que reside en el Círculo de Mujeres. ¿Estás preparada para volver a entrar?

MI VIAJE AL CÍRCULO

Los círculos que he celebrado se han inspirado en las enseñanzas que he recibido de Mujeres sabias que han influido en mi vida, además de mis propias prácticas y las de mis ancestros.

Inspirada por mi visión de cómo se habrían reunido antes las Mujeres, he pretendido recrear la mística antigua a la que aluden los textos cabalísticos y judíos. Imaginé a mis tatarabuelas congregadas en un Círculo bajo la luna nueva en una tienda sagrada en un lugar muy muy lejano.

Tejiendo juntas la sabiduría secular de mi linaje femenino, que legó el don de crear espacios sagrados y el rico misticismo cabalístico de mis antecesoras, conocedoras del poder del ritual.

Tejiendo juntas el camino que he seguido como viajera espiritual, aprendiendo de bellas tradiciones y culturas. Inspirada por las enseñanzas chamánicas, tradiciones paganas y culturas orientales, y todo lo que de ellas he aprendido.

Incluyendo mi propia práctica de la plegaria, meditación y conexión creciente con la naturaleza.

Mis espacios no se basan en una sola cosa, sino en todas. Todas forman parte de mí, son los regalos que llevo dentro. Cuando organizo mis Círculos, me convierto en el recipiente a través del cual los ofrezco.

Al crear los Círculos, es importante conectar con nuestros dones, prácticas e ideas que podemos ofrecer. No pretendas buscar en otras culturas, sino más bien confiar en lo que te inspira, lo que has aprendido y lo que puedes ofrecer de manera auténtica.

Por ejemplo, yo no proyecto un Círculo, yo abro un Círculo. Proyectarlo pertenece a las tradiciones paganas, y si bien las admiro y las estimo, no forman parte de mi historia. En lugar de ello, me siento en silencio y pido ser guiada por lo que me resulta genuino a mí.

Al navegar por el presente libro y crear tus propios Círculos, no dejes de preguntarte qué te resulta auténtico a ti, qué te parece bien. Toma lo que te parezca bien y deja lo demás. Es así como se teje la autenticidad de tus espacios y como se ofrece la medicina que cada una posee para compartir.

Enseguida te darás cuenta de que ya cuentas con mucho de lo que tu Círculo necesita.

PLANIFICAR EL CÍRCULO

*   *   *

PREPARAR EL CÍRCULO
CREAR EL ESPACIO
EL CÍRCULO

PREPARAR
EL CÍRCULO

LA MAGIA DEL CÍRCULO
RESIDE EN LA INTENCIÓN,
POR ESO HAY QUE PREPARARLO
AL MÁXIMO PARA QUE
ACTIVE LA ENERGÍA.

LO CIERTO ES que el principal trabajo es la preparación. Todo lo que debes hacer para crear tu Círculo de Mujeres, todos los pensamientos que albergues sobre él, cada acción que realices, cada esfuerzo por manifestar este espacio sirve para dar forma a una energía que convertirá el espacio en sagrado.

La preparación es la tarea. Estás creando un espacio a través del cual canalizar la magia, la sanación, la sabiduría y el poder del Círculo.

A mí me gusta dejar pasar al menos un ciclo lunar entero para prepararme antes de un Círculo. Aunque te invito a trabajar con el marco temporal de que dispongas: si te sientes llamada a celebrarlo antes, confía en tu intuición. Recuerda que todo ocurre a su debido tiempo.

En este capítulo, exploraremos la preparación consciente para los Círculos, a sabiendas de que el trabajo tiene lugar antes de que el Círculo siquiera se reúna.

CUATRO SEMANAS ANTES

FIJA TU INTENCIÓN

Tu Círculo debe basarse firmemente en una intención. Sin una razón sólida para organizar un Círculo, este no podrá florecer.

Sintoniza con tu motivación para ofrecer el Círculo, lo que deseas obtener de él, lo que desearías que otras sientan con él, y deja que los siguientes capítulos te inspiren para decidir cómo darle vida.

Una vez conectes con tu intención, dispondrás del poder de imbuir con ella cada paso de tu camino de organización. Este, hermana, es el ingrediente secreto que creará la magia.

Como en un templo, cuando entres en el Círculo sabrás que todo ha sido colocado, creado y diseñado con una intención de devoción y adoración. Así, notarás esta energía en cuanto accedas a él.

Cuando la intención está fijada y guía la preparación del Círculo, las Mujeres la sentirán con solo entrar en el espacio sagrado que has creado.

Como por arte de magia, la mitad del trabajo ya estará hecho.

ELIGE UNA FECHA

Debes elegirla a conciencia. A menudo tomamos decisiones sin darnos cuenta de que podríamos hacerlo más intencionadamente, y tomar decisiones conscientemente influye en gran medida en el resultado final.

Al seleccionar una fecha para tu Círculo, debes saber que el universo puede colaborar contigo, ya que los distintos momentos del día, del mes y del año poseen energías diferentes.

En función de la intención del Círculo, puedes elegir una fecha que la apoye.

En la sección sobre Naturaleza (Parte II, página 62), hallarás la manera de colaborar con la Luna, el Sol y las estrellas con el fin de alinear tu Círculo con ellos. Al corazón de un Círculo de Mujeres nada le gusta más que danzar con los ciclos del universo.

ENCUENTRA UN LUGAR

Con la fecha fijada, ahora hay que decidir dónde ofrecer el Círculo.

La elección del emplazamiento es importante. El Círculo debe percibirse como un lugar seguro y sagrado. Un espacio sin molestias, de fácil acceso, donde todas quepamos.

Cuando empecé a organizar reuniones, las llevaba a cabo en mi salón. Vivía sola en un apartamento de Londres. Decidí llenar mi piso de plantas y atrapasueños, y algunas noches metía hasta veinte Mujeres en un Círculo apretado. Nos sentábamos en el suelo sobre un batiburrillo de cojines, apagábamos las luces y encendíamos montones de velas.

El lugar debe estar en sintonía con el Círculo, pero no hace falta dedicar una eternidad para encontrar el entorno ideal tipo Pinterest. Simplemente necesitas un sitio... recuerda que tú lo convertirás en un espacio sagrado.

Tómatelo con calma: habitualmente el espacio perfecto está muy cerca.

Ideas de espacios:

☾ Tu casa.
☾ La casa de una amiga.
☾ Un lugar seguro en la naturaleza.
☾ Una cafetería o tienda vacía.

Ten en cuenta que, si organizas el Círculo en la naturaleza, otras personas tienen el mismo derecho de estar en el lugar. Por tanto, procura que sea un sitio poco frecuentado.

Dondequiera que organices el Círculo, asegúrate de que no habrá interrupciones y de disponer del espacio al menos una hora antes, para prepararlo.

PLANIFICA

Decide qué vas a hacer en tu Círculo. Inspírate en los capítulos siguientes para crear una estructura fluida.

Es importante planificar el Círculo. Tranquiliza tu mente y te libera de ella para que te centres en el corazón.

No obstante, procura hallar el equilibrio entre un plan que cree espacio para la fluidez y un plan tan específico que no deje lugar para la magia. El arte del Círculo de Mujeres reside en la magia que ocurre en los espacios vacíos, el silencio en brazos de lo desconocido.

Dedica un tiempo a elaborar un plan esquemático. Diseña el viaje que te gustaría emprender con estas Mujeres. Prepara los detalles necesarios. Pero lo más importante es que confíes en que va a fluir y será exactamente como debe ser cuando entréis en el espacio.

Utiliza la plantilla de la página 11 y añade comentarios a cada apartado que quieras preparar.

TRES SEMANAS ANTES

INVITACIÓN

Contacta con las personas que desees reunir en tu Círculo. ¿Quién sería bueno que asistiera?

La respuesta cambiará en función del tipo de Círculo que organices; recuerda la intencionalidad al invitar a las Mujeres.

Quizás haya Mujeres a las que creas que les encantaría unirse a este Círculo, o quizás lo celebras para una amiga, una futura novia o tu madre. Quizás te inclines por enviar una invitación a tu comunidad, confiando en que responderá quien se sienta llamada.

He aprendido que muchas Mujeres buscan un espacio sagrado para reunirse, pero no disponen de él. Al crear este espacio, lo estás facilitando para ti, para ellas, para el grupo, y eso en sí ya conlleva sanación. Me gusta enviar la invitación tres semanas antes para que la fecha se reserve y empiece a activarse la energía.

Las palabras tienen poder, de modo que, al escribir la invitación, recuerda que es lo primero que envías y lo primero que ellas reciben. Cerciórate de que marque el tono y la energía para el Círculo.

Qué incluir en la invitación:

☾ Nombre del Círculo.
☾ Fecha.
☾ Lugar.
☾ Qué traer (si procede).
☾ Cómo vestir, si hay código de vestimenta.

Sé creativa: puedes dibujar, pintar, crear un collage, escribir un poema, todo lo que refleje el tema del Círculo.

Publícala en las redes sociales, envíala a tus amigas o hazlo a la antigua, en forma de octavillas para distribuir en tu entorno. Sea como fuere, hazlo con intención... Y el poder de las palabras se extenderá.

DOS SEMANAS ANTES

VISUALIZA EL ESPACIO

Una vez puesta en marcha la energía enviando la llamada, y sepas cuándo, dónde y qué va a ofrecer el Círculo, es el mejor momento para visualizar el espacio.

Debes pensar en el aspecto del espacio de tus sueños. Visualiza de qué manera este espacio servirá para que fluya la energía que pretendes crear. Puedes crear un tablero de Pinterest o bien imaginar el espacio.

☾ ¿Cómo quieres que haga sentir?
☾ ¿Debe ser oscuro o claro?
☾ ¿Hay colores, texturas o sonidos que creas que deberías incorporar?

Por ejemplo, para una ceremonia en el equinoccio de primavera, pensaríamos en elementos ligeros y vaporosos. Por el contrario, para una reunión en el solsticio de invierno, sería adecuado algo cálido y recogido, con velas.

Cada apartado incluye sugerencias para decorar el espacio, no te preocupes... sin embargo, es importante que imagines el Círculo antes de crearlo. Forma parte de la visualización.

LISTA PARA CÍRCULOS DE MUJERES

Una vez visualizado el aspecto del Círculo, toca planificar cómo hacerlo realidad.

☾ ¿Qué decoraciones necesitarás para crear el espacio?
☾ ¿Dispones de suficientes cojines, esterillas y alfombras para que resulte cómodo?
☾ ¿Qué debes procurarte?
☾ ¿Qué debes buscar porque te falta?

Yo divido mi lista en tres categorías.

ESPACIO SAGRADO

Cojines, alfombras o mantas. Si necesitas más, siempre puedes sugerir a las Mujeres que traigan su cojín o esterilla.

Piensa en la tecnología que vas a necesitar, como altavoces o luces.

CESTA PARA RITUALES

Yo dispongo de mis herramientas esenciales en lo que llamo mi cesta para rituales. Te invito a preparar tu propia cesta para rituales y elegir los objetos que desees que estén presentes en el espacio sagrado que vas a crear.

A lo largo del libro, cuando empleo la expresión «cesta para rituales», me refiero a todos los componentes enumerados a continuación.

Mantel ritual

Puede ser un mantel de mesa, una tela de encaje u otro tejido. Lo dispongo en el centro del Círculo y lo uso como espacio intencional sobre el cual preparo el altar.

Utensilios de limpieza

Son hierbas sagradas, resinas o maderas que llevan cientos de años empleándose. Evocan a la Mujer Medicina que llevamos dentro, que sabe cuánto la naturaleza nos ofrece para sanar. Incluyéndolos en nuestro espacio, recordamos nuestra conexión innata con la naturaleza. Yo uso los utensilios en todas las reuniones para limpiar el espacio energético y para cerrarlo. Lo habitual es emplear un sahumerio, palo santo, incienso o resina.

En la medida de lo posible, intenta emplear un utensilio de limpieza originario de tu tierra. Realiza compras responsables de fuentes sostenibles o bien cultiva tus propias plantas.

Yo cultivo salvia, romero y lavanda para usarlos en la confección de mis propios sahumerios. Esta es una bonita manera no solo de conservar estas plantas medicinales, sino también de acentuar la conexión y significado de su cultivo.

Velas y cerillas

Siempre llevo una vela Madre en mi cesta. Se trata de una vela gruesa que uso en todas las reuniones junto con el resto de velas. Primero enciendo esta y, luego, con su llama voy encendiendo las demás. Me gusta pensar que la vela Madre es la luz que nos une a todas, nos transforma y nos abraza en el transcurso de la reunión.

También traigo siempre velas más pequeñas que distribuyo por el espacio, y una caja grande de cerillas.

Cristales

Los cristales son los aliados que nos brinda la propia tierra. Poseen una enorme energía y capacidad de sanación, magia y apoyo para el Círculo de Mujeres. Hazte con los cristales que sintonicen con la intención del Círculo, ya que estos tienen el poder de apoyar, ampliar y extender la esencia del espacio con su vibración. Yo acostumbro a intercalarlo con el círculo de flores (véase la página 47) para cargarlos y transmitir las intenciones fijadas. A lo largo del libro, te daré ejemplos de diferentes cristales para usar, pero confía en tu instinto y déjate guiar por los cristales que busquen unirse al Círculo.

RECETA DE SAHUMERIO

REÚNE

☾ Seis ramitas de hierbas; yo cultivo romero, salvia
y lavanda en el jardín, y utilizo la que me apetece
o las tres a la vez. Otras especies botánicas útiles
para quemar son: cedro, pino, hierba dulce,
eucalipto, artemisa, canela y laurel.

☾ Cordel natural.

☾ Tijeras.

ELABORACIÓN

I

Junta las hierbas como si
confeccionaras un pequeño ramito
de flores.

II

Con el cordel, ata el ramito con un nudo fuerte en la base de
los tallos. Envuelve el cordel alrededor de los tallos,
hacia la parte superior, y luego bajando de nuevo
hasta la base.

III

Corta el cordel.

IV

Cuelga el ramillete boca abajo en un lugar seco y oscuro
durante al menos una semana antes de su uso.

Cartas de oráculo

Una baraja de cartas de oráculo sirve para recibir mensajes del universo/la divinidad/la diosa. Es una antigua práctica femenina que ayuda a las Mujeres apoyando sus dones psíquicos. Yo uso las cartas en casi cada Círculo, presentándolas y empoderando a las Mujeres para que sean ellas mismas quienes lean las cartas que sacan, recibiendo poderosos mensajes y visiones profundas de sí mismas. Este juego de cartas es indispensable en mi cesta de rituales.

Siempre he trabajado con cartas del oráculo de las diosas, y he llevado la misma baraja a cada Círculo los últimos seis años. Me gusta recurrir al mismo juego porque noto que su poder aumenta cada vez que lo empleo. Puedes ir a una tienda especializada o buscar «cartas de oráculo» en internet. Pide ser guiada hacia la baraja perfecta para ti, y confía en la que te atraiga.

Ten en cuenta que existen distintos tipos de cartas de oráculo, desde cartas de ángeles, de diosas o de animales, hasta cartas de afirmación. Todas presentan energías y vibraciones ligeramente distintas.

No te preocupes si nunca las has utilizado, todas vienen con un manual que potencia y apoya tu relación con ellas. Lo más importante es comenzar tu viaje con intención. Por tanto, confía en las cartas que te llamen y empieza por ahí.

Bolígrafos y papel

En la mayoría de Círculos, habrá momentos de reflexión y contemplación. Esto significa que es importantísimo disponer de papel y bolígrafos para las participantes. El espacio se llenará de mensajes, sabiduría y revelaciones, de modo que saber que se tienen a mano los medios físicos para canalizarlo todo resulta un alivio.

ELEMENTOS ESPECÍFICOS

Algunos artículos serán específicos de cada Círculo. Variarán de una reunión a otra, puesto que cada Círculo precisa elementos singulares para el ritual y el altar.

Date unas semanas para buscar, recolectar y reunir lo que desees incorporar al Círculo. Te ofrezco una lista de elementos o ingredientes para cada Círculo descrito en el libro, pero no dudes en añadir cualquier otra cosa que sientas necesaria.

Guarda los elementos en la cesta para que se maceren de cara al Círculo, con la absoluta certeza de que van a cargarse e incorporar la intención del espacio.

UNOS DÍAS ANTES

QUÉ VESTIR

El ritual de vestirse es una práctica muy femenina, dado que lo que nos ponemos se convierte en expresión de nuestro ser interior y nuestras intenciones. Tanto si has optado por un código de vestimenta como si no, piensa en lo que quieres vestir, qué color expresa la energía del Círculo y, sobre todo, qué te hace sentir guapa. Escoge las prendas con antelación y colócalas a la vista poco antes del Círculo.

MÚSICA

El último paso consiste en asegurarte de disponer de una lista de reproducción, si es que prevés poner música. A mí me gusta empezar los Círculos con música, definir el tono energético y vibracional cuanto las Mujeres van entrando en el espacio. También me gusta cerrar el Círculo con una canción.

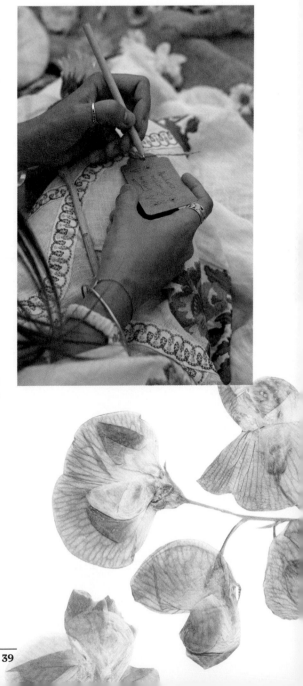

Puedes poner música al principio, al final, durante la reunión o no ponerla; pero si decides ponerla, crea una lista que refleje la energía que pretendas fomentar.

Llegado este punto, lo habrás preparado todo. La energía está en marcha y, como he dicho antes, será la base más poderosa para que el Círculo florezca.

Allá donde pongas tu atención, fluirá la energía, así que fluyamos ahora hacia el día del Círculo y cómo preparar el espacio con la misma consciencia, presencia e intención.

CREAR
EL ESPACIO

LLEGA EL DÍA del Círculo. Todo ha sido preparado con antelación, por lo que no habrá mucho que hacer, aparte de crear un espacio desde el corazón.

Al preparar con intención, la energía se ha puesto en marcha. El universo está contigo, te protege y te apoya, y ya has creado el recipiente más sagrado para que el Círculo fluya.

CONFIRMA LOS DETALLES CON TU TRIBU

Envía un recordatorio a todas las asistentes para confirmar la hora, el lugar y lo que deben traer consigo. De esa manera facilitarás el desarrollo de la reunión cuando esta tenga lugar.

También es importante explicar la necesidad de ser puntuales. Cuando un Círculo se abre, la energía queda sellada, o sea que, si alguien llega tarde, rompe el circuito de energía al entrar.

PREPARA EL ESPACIO SAGRADO Y LA CESTA DE RITUALES

Repasa la lista de preparativos y llena la cesta de rituales con todo lo necesario. Si vas a llevar comida, adelanta su preparación para no tener que dedicar tiempo a cocinar durante el Círculo.

CREA EL ESPACIO SAGRADO

Dirígete al lugar de reunión al menos una o dos horas antes del inicio del Círculo. Así dispondrás de tiempo para prepararlo todo y sintonizar con el espacio. Puede ser necesario limpiar el espacio físicamente y de energías.

Si estás en casa, tu energía personal dominará el espacio, y si estás en el espacio de otra persona, su energía lo dominará. Dedica un tiempo a la limpieza energética para que sea un espacio neutro y puro. Yo hago un barrido purificador.

Barrido purificador

Toma una escoba y ponte en el centro del espacio. Sujetando la escoba, respira hondo tres veces y empieza a barrer de derecha a izquierda. Camina en el sentido contrario al de las agujas del reloj trazando una espiral y ve visualizando la energía que barres con cada gesto.

Puedes incluir una plegaria:

«Que se vaya todo lo que no es mío, todo lo que no me sirve.»

Una vez barrido el espacio, puedes abrir las ventanas para que entre aire fresco, o quemar incienso para invocar la energía con la intención del Círculo.

CREAR EL CÍRCULO

Ahora que el espacio está limpio, es hora de transmitir tu visión del Círculo al espacio, de hacer realidad el sueño sobre lo que debe ser este espacio. Empieza creando el Círculo con los elementos esenciales: cojines, alfombras y almohadas. Dispón cada uno con la intención de crear un espacio sagrado para cada Mujer, como si estuvieras bendiciendo el lugar de cada una antes siquiera de que lleguen.

A continuación, con la cesta de rituales, sitúate en el centro del Círculo. Tómate un momento para cerrar los ojos antes de crear el altar. Recuerda que todo esto es una meditación, todo es sagrado, todo forma parte del propio Círculo.

Primero extiende el mantel en el centro del Círculo, luego coloca cada objeto y elemento del altar con intención.

A lo mejor te apetece formar una especie de mandala con flores, lo que se denomina un círculo de flores. A mí me ayuda a calmar la mente trabajar con las manos, escuchar mi corazón y adornar el Círculo con intención. Verás en los capítulos siguientes que siempre incluyo un círculo de flores.

DECORAR EL RESTO DEL ESPACIO

Cuando el altar esté listo, procura que el resto del espacio presente el aspecto que deseas. Reparte velas por las superficies o mesas, prepara incienso, conecta los altavoces y atiende a los últimos detalles.

PREPARARSE

El Círculo está listo, el espacio está creado. Ahora es el momento de acicalarse.

Prepararse para el Círculo es un ritual porque te estás vistiendo para entrar en el templo que has construido.

Es un momento para poner música sensual, maquillarte, cepillarte el pelo, perfumarte y arreglarte como una diosa. Todo forma parte de retomar el poder femenino, dar la bienvenida a la energía femenina mientras te arreglas para sentirte bella para entrar en tu espacio sagrado.

CENTRARSE

Ya arreglada, el Círculo te llamará.

Probablemente unos minutos antes de que empiecen a llegar las Mujeres, este es tu último momento para crear tu espacio, encender las velas, poner música, sentarte en el centro del Círculo, cerrar los ojos y susurrar los deseos que esperas que se cumplan con el Círculo.

Reconoce todo el trabajo que has llevado a cabo, y ponte en manos del universo.

Confía ahora en que el Círculo te guiará y te apoyará, sabiendo que todo lo que deba ofrecer lo ofrecerá, y que solo te queda relajarte y soltarte.

CÍRCULO DE FLORES

I

Corta o compra un ramo de flores.
El tipo dependerá de la clase de Círculo, pero lo más importante
es que te dejes llevar por la intuición.

II

Cuando tengas el ramo, fija la intención del Círculo
sujetando las flores en las palmas de las manos
y soplando sobre ellas tu deseo.

III

Empieza creando un círculo pequeño
con los pétalos o cabezas florales del ramo.

IV

Del interior hacia el exterior, cada círculo de flores
será más grande que el anterior.

V

Sigue hasta que quedes satisfecha con el tamaño del círculo.

VI

Sé creativa, sigue tu corazón, calma la mente
y transmite al círculo de flores la intención del espacio.

VII

Una vez creado el círculo de flores, puedes encender
unas velitas entre los círculos, y añadir otros elementos rituales.
Otra opción es dejar la cesta de rituales al lado
para darle un aspecto más rústico.

EL CÍRCULO

CUANDO LAS MUJERES vayan llegando, salúdalas y dales la bienvenida.

Puedes darles informaciones prácticas, como dónde está el baño, por ejemplo, dónde dejar los bolsos y, por supuesto, recordarles que apaguen los móviles. Sugiero que si alguien desea sacar fotos del espacio lo haga ahora, así todas pueden desconectar del teléfono.

Invita a las Mujeres a elegir un cojín o espacio alrededor del Círculo donde sentarse.

En algunos casos, puede aprovecharse este tiempo para charlar y ponerse al día; en otros, es mejor sentarse en silencio mientras se espera que se abra el Círculo. Una buena manera de decidirlo es captar la energía a medida que todas van entrando, y adaptar la consigna a la energía detectada.

Por ejemplo, si notas que las participantes llegan ajetreadas o estresadas, o con mucha energía, puedes invitarlas a elegir su sitio, cerrar los ojos y empezar a sintonizar con lo que van a hacer. Puede ser un buen momento para dejar atrás el día y centrarse poco a poco en la energía del Círculo de Mujeres, más arraigada y revitalizadora.

Cuando hayan llegado todas, es hora de cerrar la puerta y abrir el espacio.

Vamos a detallar los aspectos del Círculo y profundizar en ellos mientras aprendemos a celebrar cada parte.

ABRIR EL ESPACIO

Bienvenida

Cuando todas las asistentes hayan llegado, es hora de abrir el espacio. Yo doy la bienvenida a las participantes y sigo con una pequeña introducción sobre lo que es un Círculo de Mujeres. Suelo decir algo así:

«Un Círculo de Mujeres es un espacio seguro y sagrado para reunirse, un espacio libre de juicios, para centrarse en una misma y verse reflejada en las demás.

Es un espacio para recordar tu poder y apoyar a las demás para que recuerden el suyo.

El Círculo es una práctica antigua y sagrada, y al reunirnos la recuperamos para nosotras y para todas las Mujeres. Cuando se abre un Círculo nunca se cierra, es decir, todas nos hemos reunido antes, nos hemos sentado en un Círculo juntas en alguna otra vida. Gracias por estar aquí, gracias por sentir la llamada, gracias por regresar al Círculo.»

También puedes extenderte un poco más y optar, por ejemplo, por explicar a las reunidas los orígenes de los Círculos de Mujeres. Déjate guiar.

Una vez presentado el Círculo, expreso la intención con la que nos reunimos. Por ejemplo:

«Nos reunimos esta noche para honrar la luna nueva con el fin de definir unas intenciones poderosas.»

SAHUMERIO

Para activar la energía del Círculo, debemos empezar limpiándonos nosotras, los altares y el espacio físico.

El sahumerio es un ritual antiguo que despeja y limpia la energía de un espacio y nuestras auras antes del inicio de una ceremonia. Quemamos unas hierbas para deshacernos de energías estancas o negativas. Es una oportunidad para llegar al espacio limpias y purificadas.

Enciende el utensilio de limpieza elegido, deja que el humo se eleve, y luego recorre el Círculo en el sentido de las agujas del reloj dibujando el contorno del cuerpo de cada Mujer con el humo. Si usas un atado de hierbas, cerciórate de disponer de una concha o similar para evitar que vuelen pavesas.

Con una pluma o con las manos, puedes extender el humo alrededor de los cuerpos para respirarlo.

Recita esta plegaria:

«Que aquello que no te sirva, que no sea tuyo, se aleje ahora.»

Cuando hayas pasado por todas las Mujeres, regresa a tu asiento y sahúmate tú. Entonces puedes acercarte al altar y dar humo aromático al Círculo interior. Aquí puedes enviar tu deseo para el Círculo y pedirle que traiga ángeles, guías o seres de vibración elevada para reunirse con el Círculo (solo si te van esas cosas, claro).

Luego, cuando des el sahumerio por completado, dispón las ascuas residuales en un cuenco resistente al fuego.

Ya notarás un cambio de energía en el espacio. Al abrir el Círculo, se envía un mensaje al universo acogido en el espacio sagrado, y cada Mujer lo notará.

ACTIVAR LA PROPIA ENERGÍA

Invita a cada Mujer a aportar su energía al espacio diciendo por turnos sus nombres, signo del zodíaco (para conocer las vibraciones presentes) y comentando cómo se sienten o por qué han decidido apuntarse al Círculo. Puedes formular la pregunta sobre lo que les pides compartir en función del tipo de Círculo. Cuando todas hayan hablado y compartido su energía, el Círculo se habrá iniciado.

Comunicar la energía

Ahora es momento de sintonizar con la energía que creamos en el espacio. Recuerda que, como facilitadora, tú has dedicado tiempo y esfuerzo a cultivar este espacio, de modo que es importante que lo compartas con las Mujeres para que también lo vivan. Según el motivo de la reunión, querrás compartir las razones con más detalle.

En los capítulos siguientes, sugiero diferentes maneras de comunicar la energía, adaptadas a cada Círculo. Te servirán de guía y podrás adornarlas con aquello que de manera auténtica defina la energía del Círculo que crees.

MEDITACIÓN

La meditación crea una buena oportunidad para la introspección y la conexión interior. La verdadera medicina del Círculo emergerá cuando cada Mujer se muestre tal como es, y permita que la sabiduría y la magia de su interior sea contemplada y recibida en el espacio.

Nos pasamos la vida huyendo de nosotras mismas, sin tomarnos tiempo para volver a la calma, recuperar el aliento, estar presentes. Quizás esta sea una de las peores maldiciones de nuestra cultura: cuanto más tiempo pasamos fuera de nosotras mismas, más olvidamos que lo que buscamos reside en nuestro interior.

Conducir una pequeña meditación al inicio del Círculo favorecerá que cada Mujer se concentre en sí misma.

La conexión con la respiración es probablemente el aspecto más importante de las meditaciones. Ayuda a cada una a vivir el momento presente, el ahora, lo que es.

Las meditaciones que sugiero en el libro varían ligeramente en función del motivo de la reunión. Para la mayoría, ofrezco una meditación corta con preguntas de contemplación destinadas a conectar con la energía del Círculo. Van desde meditaciones básicas hasta visualizaciones guiadas más profundas.

Una visualización guiada es una práctica de meditación que te invita a emprender un viaje visual interior, imaginando una escena o situación específica. Con ello, accedemos al subconsciente y a lugares de nosotras de los que no somos conscientes, o a mensajes y respuestas que buscamos y están escondidos.

Lee las meditaciones con voz suave y melodiosa. Un truco que he aprendido es leer muy despacio; no hay prisa. Cuanto más despacio guíes al Círculo por la meditación, más profunda puede ser la misma.

Las meditaciones que ofrezco en el libro son, por descontado, orientativas. Cuando adquieras seguridad, podrás crear las tuyas.

ABRIRSE Y COMPARTIR

Una vez hayas conducido a las Mujeres hacia su interior, es hora de conducirlas hacia el exterior, porque la magia del Círculo se encuentra dentro y fuera de nosotras a través del reflejo en las demás.

Un círculo para compartir es clave en el Círculo de Mujeres. Crea un entorno seguro para lo que surja de cada una y desee compartirlo. Crea el espacio para que nos veamos unas a otras; sin juzgarnos ni intentar arreglar ni cambiar lo que ocurre.

A lo largo del libro, ofrezco apuntes en cada Círculo útiles para inspirar los turnos de compartir. Puedes dejar tiempo al dar las ideas de los apuntes para que cada Mujer reflexione, y quizás anote y explore los mensajes que le vayan llegando.

La ocasión de ser vista y oída es poco habitual en nuestra cultura porque realmente hemos perdido el arte de escuchar.

Para acentuar los valores de compartir experiencias, presenta la vara de la palabra. Se trata de una herramienta empleada por los pueblos nativos norteamericanos para determinar quién puede hablar durante el Círculo y cuándo. La persona que sostiene la vara de la palabra es la única con permiso para

hablar: las demás están ahí para respetar el espacio. Introduce esta práctica decorando un bastón de madera. Otra opción consiste en usar un cristal de cuarzo rosa por turnos.

También puedes presentar la escucha desde el corazón. Guía a las Mujeres para concentrarse en cada Mujer que hable, para ser sus testimonios auténticos, escucharla y observar su lenguaje corporal.

Si escuchas a tus hermanas con atención, tal vez halles tus propias historias escondidas en las suyas.

Abre el Círculo presentando la vara de la palabra y aprovecha para invitar a quien lo desee a empezar a compartir. A veces se tarda un poco, puesto que hay que ser valiente para ser la primera.

Mientras esperas, mima el espacio creando una energía de amor y aceptación en la sala. Naturalmente, en caso de que sientas la llamada, puedes empezar tú compartiendo algo, pero siempre desde el corazón. Será una bonita manera de serenar el espacio, dar la bienvenida a la vulnerabilidad y otorgar a las demás Mujeres permiso para que empiecen a compartir lo que deseen.

No todas las Mujeres se sentirán dispuestas a compartir, y no pasa nada. Honra el espacio de cada una mientras corren los turnos. Es importante no presionar a nadie, sino seguir creando un espacio seguro y sagrado para quien sí desee compartir algo.

Cuando todas las que querían compartir algo lo hayan hecho, volverás a notar que la energía del Círculo se ha ahondado. Habéis conectado con una capa más profunda del Círculo, y sentiréis que se ha establecido una mayor conexión entre todas.

ELEGIR CARTAS

Mediante esta energía de nivel más profundo, podemos abrirnos a más sabiduría o mensajes del universo que nos apoyen en nuestra intención del Círculo. Conectaremos con el universo con ayuda de cartas del oráculo.

Estas cartas son una manera directa de comunicarnos con el universo. Cada carta presenta una frecuencia y un nivel de energía distintos, y es capaz de revelarnos mensajes más profundos.

Antes de sacar las cartas es importante que todas estemos abiertas a ellas. Para eso, puedes realizar una pequeña meditación activadora invitando a las Mujeres a cerrar los ojos y frotarse las palmas de las manos hasta que noten calor o cosquilleo. Cuando noten las cosquillas, pídeles que se froten las manos más y más fuerte, hasta que les parezca que se les van a caer los brazos. Luego, diles que las separen y dediquen un momento a sentir la energía que han creado.

Suele ser un bonito momento del Círculo, en que recordamos nuestro poder para crear energía.

Cuando las Mujeres noten su poder, puedes expresar la pregunta para las cartas que ofrezco para cada Círculo, o bien usar una genérica, como:

«¿Qué mensaje necesito recibir?»
«¿Qué necesito que se me muestre?»

Pide que cada Mujer aloje esta pregunta en su corazón.

Pasa el juego de cartas y pide que cada Mujer lo sujete entre las palmas y las baraje mientras repite mentalmente la pregunta. Cuando note que es el momento, puede dejar de barajar, sacar una carta y colocarla boca abajo. Entonces puede pasar la baraja a la siguiente.

Cuando todas hayan sacado una carta, invítalas por turnos a volver las cartas, y guíalas para que cada una lea la suya por sí misma.

LECTURA DE LAS CARTAS

Las barajas vienen con un librito donde se explica cada carta con detalle. No obstante, a mí me han enseñado siempre a dejarme guiar primero por la intuición, pues así es como aprendemos a confiar en nuestra capacidad de conversar con el universo, sin depender de otra persona que nos diga lo que intentan expresar las cartas.

Al leer las cartas, es importante hacerlo desde el corazón y no desde la cabeza. Es decir, no intentes averiguar qué significa la carta y céntrate en cómo te hace sentir. Tómate tu tiempo para observarla, comprender qué ocurre en la carta, qué colores, símbolos, seres y palabras presenta, y sintonizar con lo que sientes que la carta te revela.

Cuando cada Mujer haya contemplado su carta, por turnos, abre el espacio del Círculo para que cada una comparta el mensaje y lo que siente que le dice. Al recorrer el Círculo, escucha a cada Mujer, asegúrate de practicar la escucha desde el corazón. Es posible que la Mujer sentada a tu lado exponga una muestra de sabiduría útil para ti también.

RITUAL

Ahora que se han recibido los mensajes del Círculo, es momento de adoptarlos mediante un ritual. Un ritual es la acción física de convertir algo en sagrado. Es la manera ideal de reunir todos los mensajes creados, compartidos o emitidos en el Círculo, y honrar la intención que se nos ha desvelado.

A lo largo del libro, pongo bonitos ejemplos de todos los rituales que he llevado a cabo para diferentes Círculos, con listas de ingredientes e indicaciones para su práctica.

Ten en cuenta que un ritual es un acto sagrado, y requiere tu presencia y atención, tanto hacia ti misma como hacia las demás, ya que físicamente encarnas la magia del Círculo. Así es como atraerás los sueños, las visiones y los deseos del Círculo a la realidad.

Cuando el Círculo está listo para el ritual, suelo realizarlo yo primero para enseñar a las Mujeres cómo hacerlo. Esto fomenta un buen flujo y ayuda a que todas se sientan cómodas con lo que van a hacer. A continuación, invito a cada Mujer, una a una, a levantarse y caminar alrededor del Círculo en el sentido de las agujas del reloj para realizar su ritual.

Dar a cada una espacio para llevar a cabo su ritual es muy importante, porque significa que todas no van a hacerlo a la vez. Esto da la oportunidad a todas de observarse.

Una vez finalizado el ritual, llega el final del viaje y el cierre del Círculo.

CERRAR EL CÍRCULO

Antes de cerrar el Círculo, me gusta dedicar unos instantes para arraigarnos, sentarnos y sentir la energía que hemos creado juntas en el espacio.

El cierre del Círculo es un momento de gratitud y reconocimiento de lo acontecido, de lo que es y de lo que será.

Invito a cada Mujer a volver a su interior, cerrar los ojos y agradecerse haber venido, haber regresado al Círculo. Luego las invito a dar las gracias a sus hermanas, que se han reunido aquí y han sido sus testigos. Para terminar, dar gracias al universo por todo lo que nos ha revelado a través de la magia del Círculo.

Cierro algunos Círculos pidiendo a cada Mujer que se levante, reúna sus pertenencias y se marche en sagrado silencio para que todas conserven al máximo la energía creada en el espacio.

Pero si los planes son comer o seguir juntas, puedes volver a recibirlas en el espacio y agradecerles su asistencia. Y eso es todo.

DESPUÉS DEL CÍRCULO

Cuando todas se han marchado, es importante que te cuides. La energía habrá sido potente y, como facilitadora, habrás dado mucho al espacio, por eso debes recuperarte.

He aquí algunos consejos a fin de fijar tu energía:

☾ Sahúmate y sahúma el espacio cuando quede vacío.
☾ Toma un baño ritual con sales y aceites esenciales.
☾ Da un paseo descalza por el jardín (si tienes).
☾ Toma una comida nutritiva.
☾ Escucha música relajante.

Todo ello te ayudará a reposar la energía, y a recuperarte después del Círculo. Debo insistir en la importancia de cuidarte. Has hecho revivir el Círculo y ahora toca honrarte a ti misma.

III

CELEBRAR UN CÍRCULO

*　　　*　　　*

NATURALEZA
CUIDADOS
RITOS DE PASO

NATURALEZA

LA LUNA • EL SOL • LAS ESTACIONES

AHORA QUE HEMOS repasado la estructura básica del Círculo, vamos a ver cómo colaborar con la naturaleza para que nos apoye, guíe e inspire en nuestros espacios. Porque la verdadera magia de los Círculos de Mujeres reside en el conocimiento de estar creando el espacio juntas con el universo. De modo que conocer la naturaleza y conectar con su forma de comunicarse es el primer paso para recibir su energía, su poder y medicina en nuestro espacio.

Yo creo que el Sol, la Luna, las estrellas y las estaciones caminan junto a nosotros, guiándonos sutilmente a lo largo de nuestra vida. Cada aspecto de la naturaleza posee su propia energía, y cuando sintonizamos con ella, podemos trabajar conscientemente para apoyar, inspirar y crear magia en los Círculos.

LA LUNA

CUANDO EMPIEZA A LLAMARTE LA LUNA... LO ÚNICO QUE PUEDES HACER ES ESCUCHAR.

Mis primeros Círculos de Mujeres eran Círculos Lunares. Los Círculos Lunares son quizás los mejor conocidos. La memoria de lo que la Luna representa sigue presente en todas nosotras, de modo que la llamada a congregarse durante distintas fases lunares resulta natural.

La belleza del Círculo Lunar radica en la invitación a conectar y explorar la energía de la Luna como la mayoría de nosotras no lo hemos hecho antes. La energía de la Luna se considera femenina, dado que su naturaleza misteriosa y cíclica se asemeja al camino de la Mujer.

En la antigüedad, todos los calendarios eran lunares. Seguíamos a la Luna para medir el tiempo: un ciclo lunar equivalía a un mes. La Luna era un poderoso aliado para los pequeños pueblos con poco o ningún contacto con el exterior. Estudiar la Luna y sus fases reveló cuándo se removían las aguas, cuándo subían las mareas, cuándo cambiaban las estaciones. En una época sin iluminación municipal, la Luna señalaba el camino incluso en las noches más oscuras. Bañarse, honrar y bailar a la luz de la Luna se consideraba una parte sagrada y necesaria de todo ciclo.

Los granjeros se fijaban en la Luna para saber cuándo plantar y cosechar, y muchos siguen plantando hoy con luna llena, ya que se sabe que es el momento más fértil para ello.

La Luna no solo nos decía lo que necesitábamos saber sobre el mundo exterior, sino que nos brindaba la oportunidad de atender nuestro mundo interior. Del mismo modo que la Luna controla las mareas y océanos, también controla las aguas de nuestro interior: al fin y al cabo, somos agua en un 60 por ciento. Por descontado, la Luna remueve cosas dentro de nosotros, las hace hervir y aflorar a la superficie. La Luna nos habla, nos guía con sus fases, revelando su energía para ayudarnos a revelar la nuestra. La Luna nos recuerda que somos naturaleza.

Es fácil comprender mejor esto si estudiamos las diferentes fases lunares. Cuanto más colaboramos con la Luna, más nos revela. Vamos a viajar con ella.

EL VIAJE DE LA LUNA

SOLO HAY QUE MIRAR LA LUNA PARA OBSERVAR
EL REFLEJO DE SUS FASES EN NOSOTROS.
ES FÁCIL VER QUE NOSOTROS TAMBIÉN
CRECEMOS Y MENGUAMOS.

Consejo Compra o crea un calendario lunar.
Es una buena manera de conectar con la Luna y sus ciclos.
Cada mes, anota las fechas de luna nueva, llena y negra para
ir comprobando cómo sus fases afectan a las tuyas.

La luna nueva es la fase que marca el inicio del ciclo lunar. Es una oportunidad para comenzar de cero, para renacer. La luna nueva representa energía fresca, las semillas del potencial, la esperanza de lo venidero. Cuando le damos la bienvenida, empezamos un viaje de veintinueve días, observando su crecimiento hasta llegar a la plenitud.

La luna llena marca el momento en que la luna nos brinda su mayor luz. La luna, en su plenitud, nos ilumina en la oscuridad del cielo nocturno. Está en su mejor momento de abundancia, brillo y gloria.

Tras la plenitud, empieza a retirarse con gracia y sigue el camino de vuelta a la oscuridad; menguando, liberando luz día a día, soltándose.

La luna negra marca el momento en que la luz desaparece en la oscuridad de la noche. Allí se libera para renacer.

Al observar los ciclos de la luna, me pregunto si notas tus propios ciclos removerte por dentro.

Porque el viaje mensual de la luna se parece mucho al nuestro. Nuestros ciclos internos se reflejan en la mirada de la luna.

Una nueva ola de Mujeres cree y predica que eso es así. Se refieren a su menstruación como su «menstruación lunar», como forma de reconocimiento de los ciclos y fases, y la profunda conexión con la luna.

En el pasado, las Mujeres vivían en pequeñas comunidades. No solo se sincronizaban sus ciclos, sino que además solían alinearse con las fases lunares. Por eso, resultaba fácil ver el paralelismo y comprender lo interconectadas que estamos con la naturaleza, a la cual rendíamos homenaje por dentro y por fuera, y lo mágicas que somos las Mujeres.

Es el motivo por el que las Mujeres se reunían en luna nueva, luna llena o luna negra, para captar la energía de cada fase. Sabían que podían comunicarse con la luna para que los mundos interior y exterior colaboraran.

Cuando empezamos a congregarnos durante los ciclos lunares, nos damos cuenta de lo conectadas que estamos con ella y de toda la magia que nos proporciona. Cuando recordamos a la luna, ella colabora con nosotras de forma maravillosa.

De modo que os llamo a conectar de nuevo con la luna, trabajar con su magia, comprender las oportunidades que nos brinda cada mes para recomenzar, reflexionar y liberarnos. Recuerda que, al honrar sus fases, honras las tuyas.

CÍRCULOS LUNARES

Son espacios sagrados creados con motivo de las fases de la luna. A lo largo del mes, nos podemos reunir en cada fase o elegir una para celebrar el Círculo.

Te sorprenderá el espacio que crearás con la luna cuando empieces a colaborar con ella. Te proporcionará la energía necesaria para crear un espacio poderoso.

DEBES SABER QUE
LA LUNA LLENA TE HABLA,
TE SUSURRA
TODO EL DÍA.

DEBES SABER QUE,
SI LA ESCUCHAS CON
ATENCIÓN, OIRÁS
LO QUE TE QUIERE DECIR.

SI LA MIRAS,
SI OBSERVAS SU PLENITUD,
SU LUZ GUIARÁ TU CAMINO.

VAMOS, HERMANA, ADELANTE,
LA OIRÁS DECIR.

SOLO HAY QUE DAR UN PASO
PARA SABER
QUE TODO VA A IR BIEN.

NO ALCANZARÁS
LA CUMBRE DE LA MONTAÑA
INTENTANDO LLEGAR,
SINO INTERIORIZANDO
LO QUE ENCUENTRES EN EL CAMINO.

ES HORA DE REGRESAR A CASA,
REGRESAR A LO QUE SABES
DESDE EL PRIMER DÍA.
TIENES SU APOYO, SU GUÍA,
TIENES TODO SU AMOR.

RÍNDETE, CHIQUILLA,
NO TE APRESURES.
PORQUE, CARIÑO,
YA ESTÁS EN TU CAMINO,

MI LUZ ES TU LUZ.
ESO LA OIRÁS DECIR.

EL CÍRCULO DE LUNA NUEVA

Fijar nuevas intenciones

En la luna nueva o hasta tres días después

QUIÉN

Reúne a tres o más Mujeres que se sientan llamadas a reunirse en la luna nueva.

REÚNE

- ✦ Cesta para rituales.
- ✦ 1 ramillete de flores de temporada para cada Mujer.
- ✦ 3 cristales de cuarzo transparente.
- ✦ 1 tarjetón para cada Mujer.
- ✦ Cualquier otra cosa que desees añadir.

ALTAR

Dispón el mantel ritual y crea el círculo floral con los tallos del ramo para formar el mandala. (Mantén las cabezas florales, ya que darás una flor a cada Mujer para este ritual.)

Coloca velas entre los espacios creados. Coloca los cristales de cuarzo en el Círculo con intención. Deja tu cesta de rituales cerca, porque vas a necesitarla durante la reunión.

ABRIR EL ESPACIO

Preséntate, explica qué es un Círculo de Mujeres y la intención y el motivo de la reunión. Sahúma las Mujeres en el sentido de las agujas del reloj, y luego sahúma el altar. Invita a cada Mujer a presentarse, explicar por qué se ha sentido llamada a asistir a la reunión y comentar cómo se siente.

COMUNICAR LA ENERGÍA

Este es el momento ideal para reunirse y fijar nuevas intenciones para el mes que empieza. Ahora la luna está vacía y receptiva, y abierta a tus sueños, deseos y visiones si le das ocasión de conectar contigo.

Este es un momento poderoso para contarle a la luna tus sueños y observar cómo, igual que ella, crecen hasta llegar a la plenitud.

MEDITACIÓN

Invita al Círculo a cerrar los ojos, respirar hondo tres veces, inspirando por la nariz y espirando por la boca. Invita a tomar arraigo en la tierra para aposentarse en este espacio sagrado.

Pide a las participantes que visualicen una luz blanca y sientan cómo inunda su ser interior. Empezando por la coronilla, bajando por los ojos, nariz, boca, mentón. Descendiendo por la garganta, hombros, brazos, manos. Por el pecho, el plexo solar, el estómago y el útero. Pasando por los muslos, las piernas, los tobillos, las plantas de los pies.

Dando la bienvenida a la luz de la luna nueva en nuestro ser, pidiéndole además que nos traiga aquello que estamos preparadas para recibir y confiando en que así será.

Pausadamente, devuelve el Círculo a la sala, lleno de la energía de la luna nueva que nos guiará el resto de la reunión.

ABRIRSE Y COMPARTIR

Al aparecer la luna nueva, nos preparamos para un nuevo viaje, un nuevo camino por el ciclo lunar. Empieza los turnos de intervención formulando unas preguntas y dando tiempo para que cada Mujer escriba lo que se le ocurra:

+ ¿Cuál es tu sueño para el nuevo mes que empieza? ¿Qué esperas que te traiga la vida? Puede ser algo físico, mental, emocional o espiritual.
+ ¿Qué imaginas para ti?
+ Cuando notes que todas están listas, abre el espacio para compartir.

CARTAS DEL ORÁCULO

Saca algunas cartas para conectar con la Madre Luna, pidiéndole que nos oriente en cuanto a la energía o la sabiduría necesarias para hacer realidad el deseo. En función de lo contestado, podemos formular alguna de estas preguntas para que quede más claro:

+ ¿Qué necesito saber para que se cumpla mi intención para la luna nueva?
+ ¿De qué necesito desprenderme para que se cumpla mi intención?
+ ¿Qué necesito creer para atraer mi deseo de esta luna nueva?

RITUAL

Reparte los tarjetones y, una a una, anotad las intenciones de vuestra luna nueva. Puede tratarse del deseo para la luna nueva, de algo que haya que soltar o algo que se necesite atraer. Anotad las intenciones y, cuando terminéis, coloca las cartas sobre el mantel.

Ahora, una a una, guía a las Mujeres para entrar en el Círculo con su tarjetón, tomar una flor que les llame la atención y caminar alrededor del Círculo tres veces antes de volver a su sitio.

Cada una sujetará su flor y tarjetón entre las manos en señal de plegaria con los ojos cerrados, y los elevará hacia la luna nueva, dispuesta a ser recibida, respondida y apoyada.

Luego acercarán las manos al pecho, abrirán los ojos y se acomodarán en su lugar del Círculo.

Espera hasta que cada Mujer se haya levantado y fijado sus intenciones para la luna nueva.

CERRAR EL CÍRCULO

Ahora, clausurarás el espacio, quizás invitando a cada asistente a cerrar los ojos mientras envían gratitud a sí mismas, a las Mujeres de su alrededor y a la luna nueva.

DESPUÉS DEL CÍRCULO

Una bonita acción es animar a las Mujeres a dormir con la flor y el tarjetón a su lado. Incluso dormir con el tarjetón bajo la almohada hasta la luna llena como recordatorio de lo que han deseado para este mes.

EL CÍRCULO DE LUNA LLENA

Un momento para la gratitud y realización

En la luna llena o hasta tres días después o antes

QUIÉN

Tres o más Mujeres que se sientan llamadas a reunirse en la luna llena.

REÚNE

+ Cesta para rituales.
+ Una ofrenda para la luna llena (flores, hierbas o comida), de modo que haya para todas las Mujeres.
+ 1 cristal que te atraiga.

Invita a cada Mujer a traer un cristal que la llame.

ALTAR

Extiende el mantel ritual, creando un espacio de ofrenda para la luna llena con las hierbas, las flores o la comida. Coloca tu cristal dentro del círculo con velas distribuidas.

ABRIR EL ESPACIO

Preséntate, explica qué es un Círculo de Mujeres y la intención y el motivo de la reunión. Sahúma las Mujeres en el sentido de las agujas del reloj, y luego sahúma el altar. Invita a cada Mujer a presentarse, explicar por qué se ha sentido llamada a asistir a la reunión y comentar cómo se siente. Indícales que coloquen su cristal en el altar.

COMUNICAR LA ENERGÍA

La luna llena es un momento de pausa. A mitad del mes, nos guía la luz de la luna desde la oscuridad de la noche y nos conecta con lo que hace brillar en nosotras.

¿Qué te pide que veas? Este es un momento potente para reunirse, para sintonizar con los mensajes que nos envía. La luna está llena y anhela comunicarse contigo.

MEDITACIÓN

Invita al Círculo a cerrar los ojos, respirar hondo tres veces, inspirando por la nariz y espirando por la boca. Invita a tomar arraigo en la tierra para aposentarse en este espacio sagrado.

Da la bienvenida a la energía de la luna llena invitando al Círculo a pausar, a alejarse de sus pensamientos, listas de quehaceres y ocupaciones, y regresar a la quietud de este instante.

¿Eres capaz de pensar en una cosa que agradezcas, y dedicar unos momentos a sentir la gratitud en todo tu ser?

Visualiza aquello que más agradecimiento te produzca. Respira, envía amor a todo lo que te da, a todo lo que te ha dado y a todo lo que crees que te dará.

Con esta energía de gratitud podemos hacer que se manifieste aquello que deseamos en nuestra vida. La gratitud es la clave para abrir las puertas de los sueños.

Pausadamente, guía a las Mujeres de regreso a sus cuerpos, cargadas con la energía de la gratitud al regresar al Círculo.

ABRIRSE Y COMPARTIR

Empieza los turnos de intervención formulando unas preguntas y dando tiempo para que cada Mujer escriba lo que se le ocurra:

+ ¿Cómo te sientes ahora mismo?
+ ¿Qué te ha hecho saltar estos últimos días?
+ ¿Qué está aflorando?
+ ¿De qué te sentías más agradecida durante la meditación?
+ ¿Qué piensas que la luna llena te pide que veas?

Recuerda: escucha las palabras de tus hermanas porque son el reflejo de lo que necesitas oír, y es posible que sus palabras te traigan un mensaje de la luna.

CARTAS DEL ORÁCULO

Saca algunas cartas para conectar con la Madre Luna. Pídele que nos oriente sobre la energía o la sabiduría necesarias para sentir mayor agradecimiento por lo que tenemos.

En función de las respuestas, podemos formular alguna de estas preguntas para que quede más claro:

+ ¿Cómo puedo invertir mi energía esta luna llena?
+ ¿De qué necesito desprenderme para que se manifieste lo que busco?
+ ¿Por qué cosas en mi vida necesito expresar mayor gratitud?

Anima a cada Mujer a conectar con los mensajes que les envía la luna: ¿qué les ha revelado esta noche? ¿Qué desea que vean en el reflejo de su mirada? Cada Mujer debería anotar lo que se le ocurra.

Luego pueden recoger su cristal del altar. Si estás dentro, sal con tus hermanas. No importa si estáis en un jardín, la calle, un balcón o la playa; ni si la luna está visible o se esconde tras las nubes. La luna siempre está ahí, aunque parezca escondida.

De pie bajo el cielo nocturno formando un círculo, cogidas de las manos bajo la luz de la luna llena, cerrad los ojos y sentid la energía. Bañaos en la luz de la luna.

Enviad gratitud por lo que os ha revelado esta noche y los mensajes que os ha enviado.

Pide que todas, con el cristal en la palma, eleven las manos al cielo nocturno para recoger los mensajes de la Madre Luna en el cristal.

CERRAR EL CÍRCULO

Regresa al Círculo, arraigando en la sacralidad del espacio que has creado. Cierra los ojos y dedica un instante a enviar gratitud hacia ti, a las Mujeres que se han reunido contigo y a la Madre Luna.

DESPUÉS DEL CÍRCULO

Al llegar a casa, cada Mujer puede dejar el cristal en el exterior toda la noche para que se cargue más bajo la luna. Por la mañana, recogerán su cristal, ahora cargado con la energía, sabiduría y mensajes recibidos del Círculo de Mujeres.

EL CÍRCULO DE LUNA NEGRA

Suelta y libera la energía negativa

En la luna negra o hasta tres días antes

QUIÉN

Tres o más hermanas que se sientan llamadas a reunirse en la luna negra.

REÚNE

+ Cesta para rituales.
+ 1 vela por Mujer.
+ 1 cazo resistente al fuego.

ALTAR

Extiende el mantel ritual y forma un círculo con las velas, pero no las enciendas, porque eso será parte del ritual. Coloca la vela gruesa en el centro del círculo, y enciéndela.

ABRIR EL ESPACIO

Preséntate, explica qué es un Círculo de Mujeres y la intención y el motivo de la reunión. Sahúma las Mujeres en el sentido de las agujas del reloj, y luego sahúma el altar. Invita a cada Mujer a encender una velita y a presentarse, explicar por qué se ha sentido llamada a asistir a la reunión y comentar cómo se siente.

COMUNICAR LA ENERGÍA

La energía de este momento nos inclina a la calma, y a sentir, limpiar, purificar, liberar. Es hora de reunirse, cambiar de energía y soltar lo que ya no nos sirve.

Al encontrarnos aquí para invocar la energía de la luna negra, dejando que su oscuridad nos envuelva, tomamos un camino para descubrir lo que nos pide que veamos. Recordando que solo entrando en la oscuridad podemos hallar su sabiduría.

MEDITACIÓN

La luna negra es el momento oportuno para observar lo que hay, porque después de compartir, es hora de disfrutar del silencio.

Observar lo que hay, en silencio, aceptando la oscuridad, el espacio, a sabiendas de que la luna negra contiene la energía para dar cabida a la oscuridad y transmutarla. Invita a cada Mujer a cerrar los ojos, dándoles conscientemente la bienvenida a este viaje por la oscuridad. Guíalas para concentrarse en su respiración a medida que toman mayor consciencia de su oscuridad interior.

Pídeles que acepten cualquier cosa que les esté suponiendo un reto, que dejen que aflore a la superficie para verlo. Cuando regresen de la meditación, indícales que coloquen su velita del altar a su lado, como gesto para recordarles que poseen el poder de transformar su oscuridad en luz.

ABRIRSE Y COMPARTIR

Empieza los turnos de intervención formulando unas preguntas y dando tiempo para que cada Mujer escriba lo que se le ocurra:

+ ¿Qué te ha hecho ver la meditación?
+ ¿Ha resultado difícil estar en la oscuridad?
+ ¿Sentías a través de alguna sombra que había estado presente?
+ ¿Qué te ha hecho saltar este mes?
+ ¿Qué miedos o diálogo negativo han emergido?
+ ¿De qué te has estado distrayendo?
+ ¿Qué te sientes llamada a dejar atrás?

Ofrece tiempo a cada Mujer para reconocer lo que hay, y cuando estéis listas, abre el espacio para compartir experiencias.

CARTAS DEL ORÁCULO

Saca algunas cartas para conectar con la energía de la luna negra, pidiéndole orientación sobre lo que debemos soltar o dejar atrás.

+ ¿Qué siento que debería dejar atrás esta luna negra?
+ ¿Qué más necesito saber?

RITUAL

Indica a cada Mujer que escriba en un papel lo que está lista para dejar atrás; en sintonía con lo que el Círculo les ha revelado sobre lo que deben soltar.

De una en una, cada Mujer puede leer de lo que está preparada para desprenderse, y luego quemar el papel en la vela. Al hacerlo, anímalas a observar cómo la luz que encienden transformará la oscuridad.

Observa cómo cada una se libra de lo que ya no le sirve, ya que ser testigos unas de otras es un regalo. Recuerda que cuando una Mujer sana, también sana a las Mujeres que la han precedido y la seguirán.

Es un privilegio observar a una Mujer hallar su camino en la oscuridad de la luna negra.

CERRAR EL CÍRCULO

Invita a cada Mujer a cerrar los ojos, regresar a la oscuridad interior, sentir gratitud por lo que la oscuridad ha revelado y saber que dispone de la antorcha para viajar en la oscuridad. Envíate gratitud a ti misma por emprender la búsqueda, a tus hermanas por apoyar el espacio y a la luna negra por abrir la puerta.

La luna negra nos llama hacia la oscuridad,
nos hace señas para avanzar, nos pide que nos quedemos un rato.

Nos han condicionado para temer a la oscuridad,
por eso cuando entramos en ella, algo que es inevitable,
desperdiciamos tiempo y energía buscando la salida,
en lugar de disfrutar del proceso.

Recurrimos a nuestro poder para huir del momento presente,
amortiguar la luz, atraer una falsa luz
con la esperanza de que se disipe.

Pero ¿y si estás dónde debes estar?

Una Mujer sabia me dijo que en momentos difíciles la salida es avanzar.

¿Y si redefinimos la oscuridad,
y si no fuera tan terrible aceptar la incomodidad,
y si esa fuera la salida que buscamos?

Al avanzar la oscuridad,
se crea la oportunidad de reunirse en círculo,
dejar que lo que aguarda una transformación
la realice con respeto, calma y gracia.

Porque si somos el camino para salir de la oscuridad,
¿por qué no disfrutamos del proceso y
nos ayudamos mientras se despliegan
las transformaciones que nos aguardan?

EL SOL

SI LA LUNA ES FEMENINA, ENTONCES EL SOL, SU OPUESTO, ES MASCULINO.

Lineal en lugar de cíclico, centrado y direccional en lugar de fluido y receptivo, el sol ilumina lo que ya vemos. Trae la energía para movernos hacia lo que nos aguarda.

El ciclo solar dura 365 días y pasa a un signo astrológico distinto cada treinta días. Cada signo posee su propia energía y vibración. El sol y las estrellas tienen mucho que decirnos, mucho que revelarnos. Como a la luna, debemos prestarles atención.

En la antigüedad, mirábamos al cosmos para que nos guiara. La posición de ciertos planetas, el estudio de las estrellas, la configuración de las constelaciones, todo ello nos informaba de aspectos de nuestras vidas; es lo que se llamó astrología.

Hoy en día, hemos perdido esta comunicación. Vamos a explorar cómo incorporar cada signo en nuestras vidas y nuestros Círculos.

La astrología es un lenguaje que permite que el cielo nos hable; no hay nada más mágico que eso.

Yo aprendí del sol y su energía caminando conscientemente a lo largo del año. Me orientó una bruja que conocí en mis viajes. Me enseñó cosas sobre las estrellas y los planetas, los signos y las posiciones, no con libros ni enseñanzas, sino saliendo a la naturaleza y caminando. Cada vez que el sol entraba en un nuevo signo, salíamos a los bosques y notábamos la frecuencia y energía del cambio.

¿Qué aspecto ofrecía la naturaleza? ¿Qué hacían los animales? ¿Qué colores nos rodeaban? ¿Qué sentía nuestro cuerpo en este nuevo signo?

Me di cuenta de que se podía aprender mucho sobre el significado de todo ello sin estudiar, solo viviéndolo. Me recordó que las enseñanzas de la naturaleza están ante nosotros. El sol nos revela la vida, ilumina lo bueno y lo malo, la luz y las tinieblas. Cuando se aprende conscientemente a relacionar el sol con los regalos que nos da a lo largo del año, se vive en armonía con la energía de la vida, dentro y fuera de uno. Cada mes, al cambiar de signo, podemos aprovechar su energía singular para incorporar su sabiduría, enseñanzas y magia a nuestros Círculos.

CÍRCULO DE ARIES

Conecta con tu niña interior

21 marzo – 20 abril

QUIÉN

Tres o más Mujeres.

REÚNE

+ Cesta para rituales.
+ 1 ramo de flores de temporada (narcisos, flores amarillas u otra ofrenda estacional de la naturaleza).

ALTAR

Extiende el mantel ritual. Crea un pequeño círculo con velas en el centro, luego un círculo floral con las flores de temporada alrededor de las velitas.

ABRIR EL ESPACIO

Preséntate, explica qué es un Círculo de Mujeres y la intención y el motivo de la reunión. Sahúma las Mujeres en el sentido de las agujas del reloj, y luego sahúma el altar. Invita a cada Mujer a presentarse, dar a conocer su signo zodiacal, explicar por qué se ha sentido llamada a asistir a la reunión y comentar cómo se siente.

COMUNICAR LA ENERGÍA

Aries es la chispa de nuestro interior, la chispa con la que nacemos, nuestra esencia innata. Durante el signo de Aries, se nos ofrece la oportunidad de crear un espacio sagrado para ayudarnos a regresar a esta energía. Sentadas en este círculo de velitas centelleantes, recordamos nuestra chispa interior. Sentadas e inundadas por esta energía infantil, invocamos a nuestra niña interior. Dejemos que Aries nos lleve hasta quienes somos de verdad, mientras nos proporciona el fuego y ánimo para llegar.

MEDITACIÓN

Invita al Círculo a cerrar los ojos, respirar hondo tres veces, inspirando por la nariz y espirando por la boca.

Visualízate viajando hacia un bello páramo. El aire es fresco, el sol está saliendo y te despiertas y sales a este páramo salvaje tranquilo y sereno.

Todo empieza a despertar. La hierba es verde, los narcisos se abren y los corderos juegan en la lejanía. La hierba está mojada de rocío y el sol, mientras sale, te acaricia la cara y notas un cosquilleo en la piel.

Empiezas a explorar el bonito paisaje y te fijas en los colores, los olores y algunos animales que puedan aparecer.

Cuando el sol sale, lo miras con atención. A medida que brilla más y más, observas su luz en profundidad... y percibes, en ese brillo, la silueta de una niña.

Está rodeada de la luz solar, una luz dorada... es tu niña interior. Obsérvala; alegremente empieza a caminar desde la luz y se acerca a ti.

Está aquí para recordarte tu esencia verdadera, tu alegría. Te llama para enseñarte lo que le gusta hacer. Te coge de la mano y juega. ¿A qué quiere jugar contigo? ¿Qué le encanta hacer? ¿Cómo te sientes en su compañía? ¿Qué energía desprende?

Obsérvala, escúchala, mira lo que le encanta hacer. Permítete jugar con ella un rato, ser tú misma, conectar, recordar esta bonita parte de ti juguetona e inocente; tu chispa interior.

Le preguntas qué necesitas saber para despertar la chispa de tu interior en tu vida cotidiana. Escucha lo que te quiere decir. Puede que haga, diga o te muestre algo... Permite que te guíe.

Antes de dejarla, te pasa una chispa de luz del sol, la deposita en tus manos. Tómate un momento para agradecerle su ayuda para recordar, y luego mira cómo regresa. Ahora, siente la chispa en tu interior, empieza a sentir que regresas a tu cuerpo físico, al Círculo, mientras abres los ojos llenos con la luz de la niña.

ABRIRSE Y COMPARTIR

Empieza los turnos de intervención formulando unas preguntas y dando tiempo para que cada Mujer escriba lo que se le ocurra:

+ ¿Qué te encantaba hacer de niña?
+ ¿Cuándo y por qué dejaste de hacerlo?
+ ¿Qué te sientes llamada a recuperar en tu vida?
+ ¿Qué paso valiente puedes dar en tu vida que te permita acercarte a tus pasiones?

Abre el círculo para compartir invitando a cada Mujer a hablar de lo que ha descubierto.

CARTAS DEL ORÁCULO

Baraja las cartas y pásalas, invitando a cada Mujer a conectar con el espíritu solar de Aries. Cada una deberá fijar la intención de recibir más orientación y sabiduría al conectar con esta energía.

+ ¿Hay otro mensaje de tu niña interior?
+ ¿Hay algo que ella crea que deberías saber o recordar?

Guía a las Mujeres para compartir las cartas que reciban y el mensaje que sientan que les trasmite la carta.

RITUAL

Invita a cada Mujer a mirar con atención el círculo de fuego del centro del altar, recordándoles su chispa interior.

Guíalas para que escriban en un papel qué parte de su niña interior está lista para salir y brillar.

Una a una, las Mujeres pueden recoger una flor y, sujetándola en la palma de la mano, caminar hacia el círculo de fuego y susurrar su deseo a las llamas, recogiendo la chispa con la flor.

Al volver a su sitio, cada una invitará a la siguiente a levantarse.

CERRAR EL CÍRCULO

Cuando todas hayan vuelto al Círculo, invita a cada una a cerrar los ojos, sujetando la flor, mientras dedican un momento a honrar su niña interior por guiarlas, enviando gratitud a todas las hermanas que se han reunido y a la energía de Aries por iluminar el camino.

DESPUÉS DEL CÍRCULO

Invita a cada Mujer a conservar la flor cerca durante todo el mes de Aries. Será el recordatorio de la chispa que lleva dentro, la chispa que está lista para ser vista.

CÍRCULO DE TAURO

Atiende a todo lo que necesitas cuidar en tu interior

21 abril – 21 mayo

QUIÉN

Tres o más Mujeres.

REÚNE

+ Cesta para rituales.
+ 1 cubo de tierra (suficiente para que cada Mujer llene una macetita).
+ 1 ramo de rosas.
+ Aceite o incienso de rosa.

Pide a cada Mujer que traiga una maceta pequeña y semillas de su elección (mi consejo es que sean de algo que crezca fácilmente en interiores, como tomate o alguna hierba).

ALTAR

Extiende el mantel ritual y centra el cubo de tierra en él. Crea un círculo floral alrededor del cubo con las rosas; si lo deseas, usa solo pétalos. Distribuye las velas alrededor del círculo y coloca la cesta para rituales al lado. Puedes quemar aceite o una varilla de incienso en el altar.

ABRIR EL ESPACIO

Preséntate, explica qué es un Círculo de Mujeres y la intención y el motivo de la reunión. Sahúma a las mujeres en el sentido de las agujas del reloj, luego tú y al final el espacio del altar. Invita a cada Mujer a presentarse, dar a conocer su signo zodiacal, explicar por qué se ha sentido llamada a la reunión y qué semilla ha traído. Invítalas a dejar las macetas y semillas en el espacio del altar una vez se hayan presentado.

COMUNICAR LA ENERGÍA

Tauro es la propia Madre Tierra. En el Círculo celebrado bajo el signo de Tauro, se nos ofrece la oportunidad de conectar con esta energía terrenal. Creando un espacio sensual, con aromas florales y flores de temporada, nos permitimos regresar a los brazos de Tauro. Con este Círculo, activamos las partes de nosotras mismas que precisan cuidados, las partes que necesitan recordar cómo nos tratamos con cariño y atenciones.

MEDITACIÓN

Esta meditación es una bonita manera de conectar con en lugar de nuestro interior que precisa atenciones y cuidado. Aprovecha la respiración para viajar hacia el interior y conectar con las partes necesitadas del cuidado de Tauro.

Pide a las Mujeres del Círculo que cierren los ojos, respiren hondo tres veces, inspirando por la nariz y espirando por la boca. Luego guíalas para que se visualicen entrando en un bosque encantado.

Es un día por la mañana, los conejos han salido y los pájaros cantan. El suelo está cubierto de campanillas.

Ves una vieja puerta de madera, la abres y entras en un jardín. Hay un lugar para dejar los zapatos y seguir descalza sobre la hierba. Nota la sensación de tus pies en la tierra, la seguridad que te da, el apoyo del suelo bajo tu peso.

Empiezas a explorar el paisaje y percibes las flores que te rodean. ¿Qué aromas te llegan? ¿Qué ves? Explora este jardín secreto encantado.

A lo lejos, ves a un amable animalito del bosque que se te acerca... ¿De qué animal se trata?

Te dice que viene a ayudarte y te pregunta qué necesitas para sentirte arraigada. ¿Qué necesitas recibir para sentirte cuidada? ¿Qué necesitas para nutrirte? Deja que el mensaje surja de tu interior.

El animal sabe que debes sentirte atendida para crecer; debes sentirte segura para recibir. Te da unas semillas para que las plantes. Con las manos desnudas, tomas las semillas y plantas tu intención en la tierra del jardín secreto, labrando tus deseos, tus sueños, en la Madre Tierra.

Cuando terminas, agradeces al animal su cariño y orientación, mientras vuelves al bosque y te preparas para regresar a tu cuerpo físico.

ABRIRSE Y COMPARTIR

Empieza los turnos de intervención formulando unas preguntas y dando tiempo para que cada Mujer escriba lo que se le ocurra:

+ ¿Qué anhela ser atendido en tu interior?
+ ¿Dónde necesitas cuidarte y mimarte más?
+ ¿En qué aspecto te has estado descuidando?

Cuando así lo sientas, abre el círculo para compartir, invitando a cada Mujer a comentar algo que haya descubierto en su camino y las respuestas a las preguntas formuladas.

CARTAS DEL ORÁCULO

Baraja las cartas y pásalas, invitando a cada Mujer a conectar con el espíritu solar de Tauro. Cada una deberá fijar la intención de recibir más orientación y sabiduría al conectar con esta energía.

+ ¿Qué necesita atención en tu interior?
+ ¿Qué necesitas recibir para sentirte cuidada?
+ ¿Qué sueños están a punto para sembrar?

Guía a las Mujeres para compartir las cartas que reciban y el mensaje que sientan que les trasmite la carta.

RITUAL

Para conectar con todos los mensajes recibidos en el Círculo, invita a cada Mujer a tomar sus semillas en las palmas de las manos. Una a una, acercándose al altar con la maceta, tomarán un puñado de tierra con las manos y empezarán a sembrar las semillas.

Con ello sellarán la intención, sembrando los mensajes junto con la planta antes de volver a sentarse en su lugar.

CERRAR EL CÍRCULO

Cuando todas las Mujeres hayan sembrado sus semillas, dales la bienvenida de nuevo al Círculo. Guíalas para que cierren los ojos y se concentren en ellas para reconectar con aquello que necesitan, con las Mujeres que se han reunido con ellas y con la energía de Tauro.

DESPUÉS DEL CÍRCULO

Invita a las Mujeres a llevarse las plantas a casa, regarlas, cuidarlas, cantarles. Que las cuiden como recordatorio de lo que ellas necesitan.

CÍRCULO DE GÉMINIS

Recuerda tu voz auténtica

22 mayo – 21 junio

QUIÉN

Tres o más Mujeres.

REÚNE

- ✦ Cesta para rituales.
- ✦ 1 varilla de incienso (aroma a tu gusto).
- ✦ 1 ramo de flores de temporada.
- ✦ Unos cuantos cristales que te atraigan.

ALTAR

Extiende el mantel ritual y empieza a crear un círculo floral con las flores. Distribuye los cristales por los espacios vacíos. Dispón papel y bolígrafo en cada sitio del círculo. Deja tu cesta para rituales junto al altar y enciende una varilla de incienso.

ABRIR EL ESPACIO

Preséntate, explica qué es un Círculo de Mujeres y la intención y el motivo de la reunión. Sahúma las Mujeres en el sentido de las agujas del reloj, y luego sahúma el altar. Invita a cada Mujer a presentarse, dar a conocer su signo zodiacal, explicar por qué se ha sentido llamada a asistir a la reunión y comentar cómo se siente.

COMUNICAR LA ENERGÍA

Géminis es un espíritu libre, que vuela sin ataduras. Quiere aprender, recordar, vivir nuevas experiencias. Con esta energía versátil, entramos en un espacio energéticamente fresco que nos ayuda a liberar la mente. Este espacio pretende reconectar con nuestra verdad con el fin de recordar qué queremos en realidad y cómo manifestarlo.

MEDITACIÓN

Invita al Círculo a cerrar los ojos, respirar hondo tres veces, inspirando por la nariz y espirando por la boca. Luego guíalas para que se imaginen en la sala de una casa.

El suelo está cubierto por una bonita alfombra, una alfombra mágica. Sentada en la alfombra, prepárate para emprender el vuelo, salir de la sala y surcar el cielo.

Al mirar hacia abajo, ves la ciudad, el campo. Vuelas cada vez más alto y todo se vuelve cada vez más pequeño.

Te das cuenta de que en realidad tienes alas, y cuando te sientes segura, respiras hondo, miras tus alas y con confianza... empiezas a volar.

Sientes el aire frío en tu rostro, en todo el cuerpo, y respiras. ¿Qué sensación te produce volar y ver las cosas desde otra perspectiva? Quizás te cruces con pajarillos simpáticos. ¿Cómo son?

Mientras vuelas, te invito a centrar tu atención en las cosas que llevas tiempo pensando. Porque los pensamientos se convierten en acciones, y las acciones son nuestra realidad.

¿Qué se manifiesta en tu vida con solo pensar en ello constantemente?

¿Lo ves ante tus ojos? ¿Es lo que de veras quieres?

¿Es lo que desea tu corazón y tu yo superior? ¿Se corresponde con la persona que eres? ¿Es lo que verdaderamente deseas?

Permítete ver todo lo que has conseguido que se manifieste en tu vida, y pide inspiración para saber cómo manifestar lo que realmente buscas. ¿Qué debes hacer?

Escuchar, sentir, experimentar... Cuando sientas que has recibido todo lo que precisas, dale las gracias al cielo y los pájaros por esta nueva perspectiva, y regresa volando a través de la ventana a la sala de la reunión. Nota cómo regresas a tu cuerpo físico y a este espacio sagrado.

ABRIRSE Y COMPARTIR

Empieza los turnos de intervención formulando unas preguntas y dando tiempo para que cada Mujer escriba lo que se le ocurra:

+ ¿Qué deseas que de verdad se manifieste?
+ ¿Qué miedos, creencias o bloqueos se interponen en esta manifestación de la verdad?
+ ¿Qué paso puedes dar para acercarte a tu sueño?

Cuando así lo sientas, abre el círculo para compartir, invitando a cada Mujer a comentar algo que haya descubierto en su vuelo y las respuestas a las preguntas formuladas.

CARTAS DEL ORÁCULO

Baraja las cartas y pásalas, invitando a cada Mujer a conectar con el espíritu solar de Géminis. Cada una deberá fijar la intención de recibir más orientación y sabiduría al conectar con esta energía.

+ ¿Qué soy llamada a manifestar?
+ ¿Qué necesito para dejar de creer y empezar a actuar?

Guía a las Mujeres para compartir las cartas que reciban y el mensaje que sientan que les transmite la carta.

RITUAL

Invita a las Mujeres a tomar un papel y bolígrafo del altar.

Sintonizando con los mensajes recibidos, escribe lo que deseas que se manifieste.

Con la energía de Géminis, usaremos nuestras voces y nuestras palabras para atraerlo.

Porque las palabras son como hechizos, y dentro de un círculo sagrado poseen mucho poder.

Una vez anotadas las manifestaciones, cada Mujer se levantará y expondrá o cantará su deseo para que el espíritu lo recoja.

CERRAR EL CÍRCULO

Cuando cada Mujer se haya expresado, invítalas a cerrar los ojos y dedicar un momento a agradecerse haber sintonizado con su poder, a honrar las Mujeres reunidas junto a ellas y a enviar gratitud a la energía de Géminis. Y eso es todo.

DESPUÉS DEL CÍRCULO

Pide a cada Mujer que cada mañana exponga o cante su deseo hecho realidad, con el convencimiento de que ha se ha cumplido.

CÍRCULO DE CÁNCER

Descubre tu madre interior

21 junio – 22 julio

QUIÉN

Tres o más Mujeres.

REÚNE

+ Cesta para rituales.
+ 1 jarra llena de agua filtrada/sagrada recogida en una fuente sagrada.
+ Una selección de piedras de luna, conchas y flores blancas para formar un mandala.
+ 1 tarro hermético para ti.
+ Aceite esencial de jazmín.

  Invita a cada Mujer a traer un pequeño tarro hermético.

ALTAR

Extiende el mantel ritual y coloca la jarra de agua en el centro, luego forma el mandala con las piedras, conchas y flores. Deja la cesta para rituales cerca.

ABRIR EL ESPACIO

Preséntate, explica qué es un Círculo de Mujeres y la intención y el motivo de la reunión. Sahúma las Mujeres en el sentido de las agujas del reloj, y luego sahúma el altar. Invita a cada Mujer a presentarse, dar a conocer su signo zodiacal, explicar por qué se ha sentido llamada a asistir a la reunión y comentar cómo se siente.

COMUNICAR LA ENERGÍA

Al trabajar con la energía de Cáncer, se nos pide llamar a nuestra madre interior. Es un momento de inmersión en nuestras células emocionales, de limpieza, para lavar residuos emocionales que arrastremos... y recordar que en nuestras aguas interiores reside la eterna madre que siempre nos apoya, nos abraza y nos cuida. Aprovecha este momento para conectar con ella y lo que tiene que mostrarte.

MEDITACIÓN

Invita al Círculo a cerrar los ojos, respirar hondo tres veces, inspirando por la nariz y espirando por la boca. Pídeles que se visualicen en una hermosa playa.

El sol luce y proyecta un centelleante camino en las olas. Empiezas a seguir el camino. Entras en el agua, sientes que te moja el cuerpo, quedas sumergida. Flotas en la superficie del mar y sientes el apoyo del agua. Sabes que te sostiene, que estás a salvo, ¿te atreves a adentrarte más en el agua? ¿Puedes respirar un poco más hondo? ¿Puedes soltarte unos centímetros más? En este instante, observa qué sientes. ¿Eres capaz de dejarte mecer por completo? Quizás esta sea la primera vez desde hace tiempo que te hayas dejado ir.

Nota qué emociones brotan, déjalas aflorar. Emociones, pensamientos o sentimientos a los que te has aferrado, deja que salgan; ahora estás segura en estas aguas sanadoras.

Al brotar, simplemente deja que te acompañen, y nota la presencia maternal que los sostiene. Notarás que te sostiene no solo el agua, sino unos brazos amorosos. Los brazos de la madre divina. Está aquí para sostenerte, no para arreglarte. Para aceptar los sentimientos o emociones que estén presentes.

Porque la madre nos recuerda que ella solo viene para estar presente, para ser testigo, darte espacio, abrazarte. Acepta este regalo, mientras el agua te mece.

Antes de reemerger de este espacio sanador, deja aflorar los mensajes de la madre divina. ¿Qué necesitas recibir para sentirte cuidada? Espera hasta que recibas un sentimiento, una palabra, una imagen, un mensaje del interior. Cuando lo recibas, empieza a agradecer a las aguas y a la madre divina su sustento.

Poco a poco, emerge de las aguas; siente tus pasos saliendo a la playa, encaminándose a tu cuerpo físico, llegando de vuelta al círculo sagrado.

ABRIRSE Y COMPARTIR

Empieza los turnos de intervención formulando unas preguntas y dando tiempo para que cada Mujer escriba lo que se le ocurra:

+ ¿Qué emociones han surgido?
+ ¿Qué necesita ser abrazado?
+ ¿Qué mensaje, si lo hubo, recibiste de tu madre interior?
+ ¿Cómo se te pide que lo guardes?

Cuando así lo sientas, abre el círculo para compartir, invitando a cada Mujer a comentar algo que haya descubierto en su viaje y las respuestas a las preguntas formuladas.

CARTAS DEL ORÁCULO

Baraja las cartas y pásalas, invitando a cada Mujer a conectar con el espíritu solar de Cáncer. Cada una deberá fijar la intención de recibir más orientación y sabiduría al conectar con esta energía.

+ ¿Qué quiere que sepas la madre divina?
+ ¿Cómo te sientes llamada a cuidarte maternalmente?

Guía a las Mujeres para compartir las cartas que reciban y el mensaje que sientan que les trasmite la carta.

RITUAL

Conecta con los mensajes recibidos y guía a cada Mujer para que fije una intención sobre cómo va a cuidarse maternalmente este mes.

Una a una, cada Mujer se acercará al altar con su tarro hermético, verterá agua de la jarra en él y susurrará al agua la manera en que se cuidará.

Luego echará tres gotas del aceite esencial de jazmín en el tarro y lo cerrará con sus deseos.

De vuelta a su sitio, cada Mujer sostendrá su tarro donde se maceran sus deseos en el agua maternal. Cuando cada una disponga de su tarro con agua maternal, ungiros entre las cejas con el agua, invocando juntas a vuestra Madre interior para que despierte.

CERRAR EL CÍRCULO

Una vez ungidas, cerrad los ojos y dedicad un momento a enviar gratitud a cada una de vosotras por la voluntad de conectar con vuestra madre interior. Enviad gratitud a todas las Mujeres reunidas junto a vosotras y a la energía de Cáncer por guiaros. Y eso es todo.

DESPUÉS DEL CÍRCULO

Invita a las Mujeres a llevarse el agua maternal a casa y ungirse, bañarse o ducharse con un poco de la misma cada día, para recordar qué necesitan hacer para sentirse cuidadas.

CÍRCULO DE LEO

Descubre tu luz y báñate en ella

23 julio – 22 agosto

QUIÉN

Tres o más Mujeres.

REÚNE

+ Cesta para rituales.
+ 1 girasol por Mujer.
+ Cualesquiera otros cristales u ofrendas estacionales que te apetezca.
+ 1 tarjetón para cada Mujer.

ALTAR

Extiende el mantel ritual y coloca un velón en el centro. Luego forma un círculo floral con los girasoles (no separes las cabezas florales porque cada Mujer se llevará una flor de regalo). Reparte los cristales u otras ofrendas por el altar. Deja la cesta para rituales cerca.

ABRIR EL ESPACIO

Preséntate, explica qué es un Círculo de Mujeres y la intención y el motivo de la reunión. Sahúma las Mujeres en el sentido de las agujas del reloj, y luego sahúma el altar. Invita a cada Mujer a presentarse, dar a conocer su signo zodiacal, explicar por qué se ha sentido llamada a la reunión y decir una cosa que le guste de sí misma.

COMUNICAR LA ENERGÍA

Leo nos transmite la energía para bañarnos en la luz propia de la persona que somos. Es un momento fabuloso para reunirse, para reconectar con la propia gloria y revelarla a las demás en un espacio seguro y sagrado. Es hora de recordar nuestra luz y proyectar su brillo hacia el exterior. Es hora de sentarnos en un espacio dorado, lleno de alegría y luz... Emprendamos un viaje de recuerdos.

MEDITACIÓN

Invita al Círculo a cerrar los ojos, respirar hondo tres veces, inspirando por la nariz y espirando por la boca.

Es hora de ir de viaje. Guía a las Mujeres para que se visualicen en un día caluroso de verano, saliendo a un glorioso campo de girasoles.

Observa los girasoles erguidos, brillando hacia ti, dándote la bienvenida para que te bañes en su iluminado campo. Empiezas a caminar entre ellos y, con cada paso, notas que te elevas más y más. La espalda se estira, la cabeza se yergue y las inseguridades que has alojado van cayendo. Una a una, caen al suelo.

Te acercas al sol dorado colgado con gracia en el cielo, ocupando todo el espacio que precisa, y te detienes un instante para simplemente bañarte en su luz. Sientes su calidez en la piel, la luz dorada te baña, respiras hondo unas cuantas veces inspirando la luz de oro.

Rodeada por esta brillante luz dorada, te sientes llamada a recordar la tuya, porque el sol nos ayuda a revelar tanto nuestra luz como nuestras sombras. ¿Qué luz se te pide que reveles? ¿Qué parte de ti está lista para expresarse, brillar y ser vista?

Confía en lo que surja; puede ser tu yo físico o algo que hayas creado.

¿Qué estás preparada para hacer brillar en el mundo, y qué necesitas dejar atrás para brillar como el sol?

Confía en los mensajes que recibas del sol, y absórbelos y séllalos en tu interior.

Cuando estés lista, es hora de regresar, de vuelta por el campo de girasoles, reconociendo y honrando a cada girasol, y observando cómo, a su vez, ellos te ven y te reconocen a ti.

ABRIRSE Y COMPARTIR

Empieza los turnos de intervención formulando unas preguntas y dando tiempo para que cada Mujer escriba lo que se le ocurra:

+ ¿Qué inseguridades te bloquean e impiden que brille tu luz?
+ ¿Qué deberías dejar atrás para brillar?
+ ¿Qué te sientes llamada a irradiar al mundo?

Cuando así lo sientas, abre el círculo para compartir, invitando a cada Mujer a comentar algo que haya descubierto en su viaje y las respuestas a las preguntas formuladas.

CARTAS DEL ORÁCULO

Baraja las cartas y pásalas, invitando a cada Mujer a conectar con el espíritu solar de Leo. Cada una deberá fijar la intención de recibir más orientación y sabiduría al conectar con esta energía.

+ ¿En qué aspecto siento que debería dejarme brillar más?
+ ¿Qué me impide dejar que brille mi luz?

Comparte con el grupo las cartas recibidas y el mensaje que creas que trae tu carta.

RITUAL

Anima a cada Mujer a conectar con la luz que han recordado en este Círculo, y a escribir cómo se sienten llamadas a brillar en su vida. Reparte los tarjetones para que cada Mujer anote sus intenciones en el suyo.

Luego, una a una, invítalas a levantarse y caminar alrededor del círculo de girasoles tres veces, meditando sobre cómo y cuándo van a permitirse brillar.

Tras el tercer ciclo, elegirán un girasol y le atarán el tarjetón al tallo mientras lo elevan hacia el cielo, indicando que están listas para brillar.

CERRAR EL CÍRCULO

Cuando todas tengan su girasol, devuelve la energía al Círculo. Invita a cada Mujer a cerrar los ojos, regresar a su luz interior, honrarse por todas las maneras en que es llamada a repartir su luz, enviar gratitud a todas las Mujeres aquí reunidas y a rendir homenaje a la energía de Leo por recordarle cómo brillar.

DESPUÉS DEL CÍRCULO

Pide a las Mujeres que se lleven su girasol a casa, como recordatorio, todo el mes, de su propia luz.

CÍRCULO DE VIRGO

Sé tu propia medicina

22 agosto – 23 septiembre

QUIÉN

Tres o más Mujeres.

REÚNE

+ Cesta para rituales.
+ 1 manojo de hierbas recogidas o compradas con las que se pueda preparar una infusión (salvia, menta, romero, tomillo). Asegúrate de tener suficiente para todas las Mujeres.
+ 1 manojo de trigo.
+ Agua caliente.
+ 1 tetera.

Invita a cada Mujer a traer su taza favorita.

ALTAR

Extiende el mantel ritual y coloca un velón en el centro.
Crea un círculo herbal con las hierbas y el trigo.
Deja la tetera y la cesta para rituales cerca.

ABRIR EL ESPACIO

Preséntate, explica qué es un Círculo de Mujeres y la intención y el motivo de la reunión. Sahúma las Mujeres en el sentido de las agujas del reloj, y luego sahúma el altar. Invita a cada Mujer a presentarse, dar a conocer su signo zodiacal, explicar por qué se ha sentido llamada a la reunión y comentar cuáles son sus necesidades en este momento.

COMUNICAR LA ENERGÍA

Virgo nos recuerda nuestro propósito eterno: dar un servicio. Su energía práctica nos dirige hacia acciones básicas para llevar cosas a cabo, colaborar y crear para la colectividad. Por tanto, ahora es un buen momento para cosechar las medicinas y enseñanzas que hemos cultivado en nuestro seno con el fin de compartirlas. Es hora de reunirnos y atendernos para servir al conjunto.

MEDITACIÓN

Invita al Círculo a respirar hondo tres veces, inspirando por la nariz y espirando por la boca. Pide que empiecen su viaje imaginándose entrando en un bosque.

El sol se va a poner, dejando un bonito resplandor sobre las hierbas y frutos que están a punto para ser cosechados. Observa qué plantas han dado fruto, qué está listo para comer y almacenar. Presta atención. No hace falta que tenga sentido, confía en lo que creas que puedes recolectar de este bosque.

Visualízate disponiendo estos objetos en un cesto mientras te vas adentrando en el bosque. Ves un ciervo a lo lejos. Este bello animal se te acerca entre los árboles. Su sosegada energía y silueta moteada te complacen.

El ciervo ha venido para recordarte lo mucho que has crecido este año, y los frutos y hierbas que tienes listos para compartir con el mundo.

Te pregunta qué has aprendido este año. ¿Quizás nuevas habilidades, enseñanzas o prácticas? ¿Quizás algo que una mala experiencia te enseñara o que una buena experiencia te aportara? ¿Qué cualidades se te ha pedido que cultivaras este año? ¿En qué has madurado? ¿Qué frutos llevas en tu interior y cómo puedes ofrecerlos a las personas que te rodean? ¿Cómo puedes ser útil?

Confía en cualquier cosa que se te ocurra en este momento. El ciervo viene para recordarte que no necesitas esperar a sanar para ayudar a otros a sanar; los dones de tu interior son suficientes para ayudar a aliviar al mundo. Recibe este mensaje y visualiza los frutos de tu interior, y disponlos en tu cesto mientras te preparas para regresar a tu espacio sagrado con muchas medicinas para ofrecer.

ABRIRSE Y COMPARTIR

Empieza los turnos de intervención formulando unas preguntas y dando tiempo para que cada Mujer escriba lo que se le ocurra:

+ ¿Qué te sientes llamada a hacer para ser útil al mundo?
+ ¿Qué medicina traes a tu regreso?
+ ¿Cómo se te muestra que puedas ayudar a los demás?

Cuando así lo sientas, abre el círculo para compartir, invitando a cada Mujer a comentar algo que haya descubierto en su viaje y las respuestas a las preguntas formuladas.

CARTAS DEL ORÁCULO

Baraja las cartas y pásalas, invitando a cada Mujer a conectar con el espíritu solar de Virgo. Cada una deberá fijar la intención de recibir más orientación y sabiduría al conectar con esta energía.

+ ¿Qué más necesitas saber sobre tu medicina?
+ ¿Qué te bloquea y te impide recibir tu medicina?

Guía a las Mujeres para compartir las cartas que reciban y el mensaje que sientan que les trasmite la carta.

RITUAL

Pide a cada Mujer que escriba en un papel la medicina que han descubierto y de qué manera van a utilizarla para ponerla al servicio del mundo.

Una a una, invítalas a levantarse con su taza, entrar en el espacio del altar y elegir una hierba del cesto.

Pídeles que sostengan la hierba a la altura del corazón, luego la depositen en la taza y la llenen con intención de agua caliente con la tetera.

Al regresar a su sitio, con la infusión en las manos, pueden dejar reposar su medicina.

Cuando todas se hayan servido, podéis levantar las tazas al cielo y tomar juntas la infusión.

CERRAR EL CÍRCULO

Indica a las Mujeres que cierren los ojos, para reconectar con la sabiduría que el Círculo les ha otorgado. Para dedicarse un momento y agradecerse el viaje recorrido, para dar gracias a las Mujeres reunidas junto a ellas y para honrar la energía de Virgo que les recuerda que poseen su propia medicina.

DESPUÉS DEL CÍRCULO

Pide a las Mujeres que conserven las hierbas en la taza y las usen para infusiones o para el baño, o elaboren un tónico con ellas. Las hierbas serán el recordatorio para que se cuiden y atiendan a su mundo interior, y se acuerden de su deber de prestar servicio al mundo.

CÍRCULO DE LIBRA

Regresa al equilibrio interior

23 septiembre – 22 octubre

QUIÉN

Tres o más Mujeres.

REÚNE

+ Cesta para rituales.
+ 1 cuarzo rosa grande.
+ 6 cuarzos rosas pequeños.
+ 1 ramo de flores de colores pastel.

ALTAR

Extiende el mantel ritual y forma una red de cristales, con el cuarzo grande en el centro y los pequeños a su alrededor, dibujando un círculo. Dispón los pétalos y hojas de las flores en el interior y alrededor del círculo. Deja la cesta para rituales cerca.

ABRIR EL ESPACIO

Preséntate, explica qué es un Círculo de Mujeres y la intención y el motivo de la reunión. Sahúma las Mujeres en el sentido de las agujas del reloj, y luego sahúma el altar. Invita a cada Mujer a presentarse, dar a conocer su signo zodiacal, explicar por qué se ha sentido llamada a la reunión y comentar en qué aspecto de su vida se siente en desequilibrio.

COMUNICAR LA ENERGÍA

Al entrar en Libra, casi nos hallamos bailando en un nuevo terreno de consciencia. Pero antes de sumergirnos en él, Libra nos brinda la oportunidad de comprobar y reequilibrar nuestra energía. Libra es luz, gracia, femineidad y fluidez. Nos da la señal para sopesar en qué aspecto vivimos sin equilibrio, para poder recuperar nuestra entereza.

MEDITACIÓN

Invita al Círculo a respirar hondo tres veces, inspirando por la nariz y espirando por la boca.

Es hora de ir de viaje. Pídeles que se imaginen entrando en un cielo con la puesta de sol, imaginando los bonitos colores pastel que se observan cuando el día se convierte en noche. Azules y lilas, rosas y naranjas, absorbiendo los colores etéreos mientras viajamos por ellos acercándonos a las nubes.

Al llegar, nos saludan unas preciosas nubes blancas, suaves como algodones.

Túmbate sobre las nubes esponjosas y nota si te sientes pesada o ligera. Sintoniza con tu energía. ¿Qué cargas a tus espaldas? ¿Hay algo que te haya estado frenando? ¿Cómo podrías aligerar la carga? ¿Dónde encontrarías armonía y equilibrio interior? Confía en cualquier cosa que surja cuando notes cómo equilibrar tu carga interior.

En la seguridad de este espacio sagrado, permítete hacer lo que necesites para equilibrar tu energía. Si necesitas llorar, visualízate llorando. Si necesitas expresar rabia o enfado, visualízate gritando, o descansando si necesitas reposar, o bailando si necesitas moverte, o cantando si necesitas expresar tu verdad. Sea lo que fuere, hazlo en este momento para reequilibrar tu energía. De nuevo, confía en lo que surja.

Observa qué notas al existir en el espacio, dándote lo que necesitas para ser auténtica y equilibrada. ¿Te sientes más ligera? ¿Te sientes más alineada?

Cuando estés lista, regresa al espacio, centrada, con tu gracia, con tu esencia.

ABRIRSE Y COMPARTIR

Empieza los turnos de intervención formulando unas preguntas y dando tiempo para que cada Mujer escriba lo que se le ocurra:

+ ¿En qué aspecto sientes que te desvías de ti misma?
+ ¿Qué requiere volver a equilibrarse?
+ ¿Cómo puedes regresar a tu estado de armonía?

Cuando así lo sientas, abre el círculo para compartir, invitando a cada Mujer a comentar algo que haya descubierto en su viaje o las respuestas a las preguntas formuladas.

CARTAS DEL ORÁCULO

Baraja las cartas y pásalas, invitando a cada Mujer a conectar con el espíritu solar de Libra. Cada una deberá fijar la intención de recibir más orientación y sabiduría al conectar con esta energía.

+ ¿En qué aspecto vital no gozo de equilibrio?
+ ¿Cómo puedo invertir mi energía para recuperar mi entereza?

Guía a las Mujeres para compartir las cartas que reciban y el mensaje que sientan que les trasmite la carta.

RITUAL

Ofrece a cada una un bolígrafo y papel e invítalas a escribirse una carta de amor.

Con intención, pídeles que empiecen la carta diciendo lo que necesitan darse para recuperar el equilibrio, y que la terminen con palabras de cariño y elogio hacia sí mismas.

Una a una, invítalas a leer su carta de amor al Círculo, activando la energía de Libra al utilizar su voz femenina para enviarse amor a sí mismas.

CERRAR EL CÍRCULO

Indica a las Mujeres que cierren los ojos, para reconectar con la sabiduría que el Círculo les ha otorgado. Que dediquen un momento a agradecerse haber recuperado el equilibrio, envíen su gratitud a todas las Mujeres reunidas con ellas y honren la energía de Libra por recordarles su entereza.

DESPUÉS DEL CÍRCULO

Invita a las mujeres a colgar las cartas o guardarlas en un lugar donde las vean el resto del mes para que sirvan de recordatorio del cariño que reside en ellas, el amor que ha creado el equilibrio.

CÍRCULO DE ESCORPIO

Viaja hacia tus sombras internas

23 octubre – 23 noviembre

QUIÉN

Tres o más Mujeres.

REÚNE

+ Cesta para rituales.
+ 1 cuenco con agua cargada.*
+ 3 calabazas.
+ Una selección de setas recolectadas o compradas.

*Cárgala con un cristal y susurra una intención al bol la noche anterior.

Pide a cada Mujer que traiga una ofrenda para sus ancestros, como una flor, una hierba, una piedra, un cristal o un guijarro.

ALTAR

Extiende el mantel ritual y coloca el bol de agua cargada en el centro. Dispón las velitas en forma de círculo de fuego a su alrededor y enciéndelas. Reparte las calabazas y setas alrededor de las velitas, y deja tu cesta para rituales cerca del altar.

ABRIR EL ESPACIO

Preséntate, explica qué es un Círculo de Mujeres y la intención y el motivo de la reunión. Sahúma a las mujeres en el sentido de las agujas del reloj, luego sahúmate tú y el altar. Invita a cada Mujer a presentarse, dar a conocer su signo zodiacal, explicar por qué se ha sentido llamada a asistir a la reunión y qué ofrenda ha traído. Pide que la coloquen en el espacio del altar.

COMUNICAR LA ENERGÍA

Escorpio puede ser una época del año incómoda si no dedicamos tiempo a comprender lo que pretende enseñarnos. Por eso, cuando se celebra un Círculo con la energía de Escorpio, se crea la oportunidad perfecta para trabajar con la oscuridad y recibir su medicina. Crearemos un espacio que nos permitirá caminar entre los reinos de nuestros egos y entrar en profundidad en nuestro interior, para rendirnos a aquello que Escorpio nos pide transformar. Caminemos entre los mundos y veamos qué encontramos.

MEDITACIÓN

Invita al Círculo a respirar hondo tres veces, inspirando por la nariz y espirando por la boca. Visualízate entrando en un bosque neblinoso. La niebla lo cubre todo, y solo ves la débil silueta de los árboles que te hacen sentir segura para seguir caminando.

¿Qué otras siluetas ves? ¿Puedes recurrir a algún otro sentido, como el tacto, el olfato o el oído para absorber el paisaje? Dedica tiempo a explorar este espacio, confiando en lo que veas, escuches o sientas.

Mientras exploras este bosque, notarás que la niebla empieza a despejarse. Un bello animal te espera y te saluda, mientras estás de pie ante un viejo pozo. El animal te hace señas para que bajes al pozo y te invita a descender paso a paso hasta llegar al fondo.

Aquí te recibe una persona muy especial, uno de tus ancestros. Confía en él, tal vez es alguien de quien te acuerdes o a quien nunca conociste. Acéptalo. Sabes que está aquí para apoyarte y guiarte, y traerte mensajes de otros reinos.

¿Quieres preguntarle algo? ¿Miedos con los que pueda ayudarte? ¿Orientación que necesites en este momento de tu vida? Comparte lo que desees y escucha su respuesta. Quizás desee compartir algo contigo, o tenga algo que decirte. Quizás desee abrazarte o besarte.

Acepta la medicina que trae. Tu antepasado te guiará entonces hasta el agua del pozo. Utilízala para purificarte. Viértela sobre tu cabeza, báñate en ella o dúchate con ella. Lo que sientas que has de hacer.

Tómate unos instantes más para impregnarte del momento de sanación, recopilando los últimos mensajes antes de despedirte de tu antepasado y viajar con tu animal a lo alto del pozo, hasta el bosque de neblina, donde iniciarás el regreso a tu cuerpo físico. Dedica un momento a ajustarte a tu cuerpo físico, y cuando estés lista, vuelve tranquila a la sala y abre los ojos.

ABRIRSE Y COMPARTIR

Empieza los turnos de intervención formulando unas preguntas y dando tiempo para que cada Mujer escriba lo que se le ocurra:

+ ¿Qué consejo has buscado de tu antepasado?
+ ¿Qué miedos o emociones escondidas esperan ser vistas?
+ ¿Qué sombras buscan ser reveladas?

Cuando así lo sientas, abre el círculo para compartir, invitando a cada Mujer a comentar algo que haya descubierto en su viaje o las respuestas a las preguntas formuladas.

CARTAS DEL ORÁCULO

Baraja las cartas y pásalas, invitando a cada Mujer a conectar con el espíritu solar de Escorpio. Cada una deberá fijar la intención de recibir más orientación y sabiduría al conectar con esta energía.

+ ¿Qué sombra interior me siento llamada a ver?
+ ¿Qué parte de mí me siento llamada a aceptar para poder sanar?

Guía a las Mujeres para compartir las cartas que reciban y el mensaje que sientan que les trasmite la carta.

RITUAL

Invita a cada Mujer a anotar en un papel aquello que teme o las emociones escondidas que pidan ser transmutadas.

Una a una, pídeles que entren en el altar con su papel, y lo quemen con una de las velas del círculo de fuego.

Cuando el fuego llegue al último extremo del papel, pueden dejarlo en el cuenco con agua y observar cómo se disuelve y desaparece. Luego recuperarán la ofrenda que trajeron con ellas del altar y sellarán el mensaje recibido en la misma.

CERRAR EL CÍRCULO

Indica a las Mujeres que cierren los ojos, para reconectar con la sabiduría que el Círculo les ha otorgado. Que dediquen un momento a honrarse y agradecer a sus antepasados el viaje a las sombras.

DESPUÉS DEL CÍRCULO

Invita a las Mujeres a conservar la ofrenda como recordatorio de que están protegidas, guiadas y nunca solas.

CÍRCULO DE SAGITARIO

Busca tu aventurera interior

23 noviembre – 21 diciembre

QUIÉN

Tres o más Mujeres.

REÚNE

+ Cesta para rituales.
+ 1 brasero de interior.
+ Troncos y velas (intenta crear la sensación de una reunión en torno de una hoguera. Si es posible celebrar este Círculo en el exterior alrededor de una hoguera, ¡mucho mejor!).
+ Otras hierbas o plantas verdes de temporada.
+ 1 postal (y unas cuantas de sobra por si alguien olvida traerla).

Pide a cada Mujer que traiga una postal.

ALTAR

Extiende el mantel ritual y coloca el brasero en el centro, luego llénalo con los troncos y velitas.

Con intención, reparte las hierbas o plantas alrededor del círculo.

ABRIR EL ESPACIO

Preséntate, explica qué es un Círculo de Mujeres y la intención y el motivo de la reunión. Sahúma las Mujeres en el sentido de las agujas del reloj, y luego sahúma el altar. Invita a cada Mujer a presentarse, dar a conocer su signo zodiacal, explicar por qué se ha sentido llamada a la reunión y qué postal ha traído. Pídeles que dejen las postales en el altar cuando se hayan presentado.

COMUNICAR LA ENERGÍA

La energía de Sagitario invoca a la aventurera que llevamos dentro. Nos llama a ensanchar nuestros horizontes, buscar nuevos caminos. Crear un Círculo de Mujeres en este momento nos permite ver, soñar y expandir nuestras mentes más lejos que nunca. Es hora de vivir una aventura con el espíritu. Reunámonos para crear un portal de expansión, sentarnos junto al fuego, compartir sueños... y emprender un viaje.

MEDITACIÓN

Invita al Círculo a respirar hondo tres veces, inspirando por la nariz y espirando por la boca. Vamos a realizar un viaje para ampliar nuestros horizontes. El sol se pone, y parece que te encuentres en el fin del mundo, respirando hondo mientras contemplas cómo el sol empequeñece y el cielo cambia de color.

El cielo nocturno se cierne. Nos hallamos en un espacio liminar entre el día y la noche. El tiempo se detiene, las oportunidades son infinitas y crecen. En este instante podemos ir, ser y hacer lo que queramos.

Respira hondo y viajemos. Piensa en un lugar al que te gustaría ir. Puede ser desconocido, un sitio al que no hayas ido, que te atraiga... Visualiza tu viaje hacia allí.

Al llegar, observa la tierra, el lugar donde te encuentras, lo que estás haciendo, cómo te sientes.

¿Qué deseas hacer aquí? ¿Cómo es la naturaleza de este sitio? Presta atención a todo.

¿Qué olores e imágenes nuevos ofrece este destino? ¿Cómo son las personas?

¿Hay cosas que probar y comer? ¿Cómo te hace sentir este lugar? ¿Qué energía te transmite la gente? ¿Qué colores presenta? Toma conciencia de todo, ya que todo posee un significado.

Cuando viajamos a lugares nuevos, también viajamos a partes de nuestro interior que desean vivir. ¿Qué notas que te da este lugar? ¿Te sientes llamada a preguntar a esta tierra qué quiere hacerte recordar? ¿Qué conocimiento o sabiduría te ha ofrecido? Tómate unos momentos para contemplarla.

Cuando te prepares para marcharte, la tierra te regalará un recuerdo para que no olvides que este lugar vive también en tu interior, y puedes venir cuando lo desees.

Vuelve tranquilamente a tu cuerpo, respira hondo tres veces y regresa a tu asiento, en la sala, y abre los ojos.

ABRIRSE Y COMPARTIR

Empieza los turnos de intervención formulando unas preguntas y dando tiempo para que cada Mujer escriba lo que se le ocurra:

+ ¿Dónde te ha llevado tu viaje?
+ ¿Qué has aprendido del lugar?
+ Describe la tierra y todo lo que has visto.
+ ¿Cómo te muestra este lugar el aspecto en que podrías ampliar tus horizontes?

Cuando así lo sientas, abre el círculo para compartir, invitando a cada Mujer a comentar algo que haya descubierto en su viaje o las respuestas a las preguntas formuladas.

CARTAS DEL ORÁCULO

Baraja las cartas y pásalas, invitando a cada Mujer a conectar con el espíritu solar de Sagitario. Cada una deberá fijar la intención de recibir más orientación y sabiduría al conectar con esta energía.

+ ¿Hay algo más que el universo quiera que sepas acerca de la manera en que podrías ampliar tus horizontes?

Guía a las Mujeres para compartir las cartas que reciban y el mensaje que sientan que les trasmiten.

RITUAL

Guía a las Mujeres para que sintonicen con lo que se les pide que activen en su interior. Pídeles que se escriban una postal desde aquel lugar interior, explicándose lo que necesitan saber, como las aventureras y exploradoras que son.

Anímalas a anotar lo que hayan aprendido en el Círculo esta noche, a través de la meditación, al compartir información, sacar una carta... y luego, una a una, pide que expliquen su viaje a las demás. Compartid la sabiduría, contad vuestras historias.

CERRAR EL CÍRCULO

Indica a las Mujeres que cierren los ojos, para reconectar con la sabiduría que el Círculo les ha otorgado. Que dediquen un momento a honrarse y agradecer a sus antepasados el viaje a la tierra desconocida. Enviad gratitud a todas las Mujeres reunidas junto a vosotras y a la energía de Sagitario por ampliar vuestros horizontes.

DESPUÉS DEL CÍRCULO

Pide a las Mujeres que se lleven su postal y se la envíen a sí mismas. Cuando las reciban dentro de unos días, serán el recordatorio de los viajes que se les pide que realicen por su interior, y de que la sabiduría las llama.

CÍRCULO DE CAPRICORNIO

Define propósitos intencionales y auténticos para el nuevo año

21 diciembre – 22 enero

QUIÉN

Tres o más Mujeres.

REÚNE

+ Cesta para rituales.
+ 1 puñado de piedrecitas para crear un círculo.
+ 1 cinta para cada Mujer (lo bastante ancha para escribir).
+ Palitos de madera.
+ Hojas verdes recolectadas.
+ Busca un árbol cerca de casa donde poder ir.

ALTAR

Forma un círculo con las piedras. Dispón las cintas por entre las piedras, junto con las demás ofrendas, como los palitos de madera o las hojas. Deja la cesta para rituales junto al altar.

ABRIR EL ESPACIO

Preséntate, explica qué es un Círculo de Mujeres y la intención y el motivo de la reunión. Sahúma las Mujeres en el sentido de las agujas del reloj, y luego sahúma el altar. Invita a cada Mujer a presentarse, dar a conocer su signo zodiacal, explicar por qué se ha sentido llamada a la reunión y decir una cosa por la que se sienta agradecida este año.

COMUNICAR LA ENERGÍA

La tierra duerme, los árboles están desnudos, el trabajo se realiza bajo la superficie; y aunque no se vea, debemos confiar en que resurgirá a su debido tiempo. Confiar en los ritmos y flujo de la naturaleza es lo que nos pide Capricornio. Conectar con lo que deseamos conseguir y cultivar, recordando que no debemos presionarnos para llegar a la cima de la montaña; paso a paso, susurra Capricornio. Es hora de reunirnos, conectar con lo que deseamos que se manifieste, fijar intenciones poderosas y salir a abrazar árboles. Avancemos con calma, hermanas.

MEDITACIÓN

Invita al Círculo a respirar hondo tres veces, inspirando por la nariz y espirando por la boca. Visualízate emprendiendo un viaje hacia la falda de una montaña. Casi no alcanzas a ver la cima, ya que está cubierta por nubes espesas.

Empiezas el ascenso, paso a paso, fijándote en todo lo que ves a tu alrededor. ¿Dónde estás? ¿Qué temperatura hace? ¿Qué plantas, arbustos o árboles te saludan por el camino? ¿Hay animales? ¿Sonidos? Obsérvalo todo, mientras te concentras en tu respiración.

Subiendo en espiral por la montaña, empiezas a atravesar las gruesas nubes y sales al otro lado, donde ves la cima. Prosigues tu viaje, paso a paso, más arriba.

Finalmente, llegas a la cumbre, y dedicas un momento a mirar hacia abajo, asombrada por el largo ascenso, por el trecho andado. Durante este momento de gratitud por el esfuerzo realizado, te sientas en la cima y piensas en el año que empezará.

¿Qué desearías conseguir este año: algo físico, emocional, mental o espiritual? ¿Qué intención tienes para el año nuevo?

Confía en lo que se te ocurra...

Cuando acabes, visualízate guardando esta intención en tu corazón, confiando en que llegarás, lo conseguirás, paso a paso.

Agradece a la montaña la medicina que te ha ofrecido, respira unas cuantas veces, inhalando este aire puro, y emprende el regreso, descendiendo en espiral desde la cima hasta la base. Vuelve tranquilamente a tu cuerpo físico, y cuando estés lista, abre los ojos.

ABRIRSE Y COMPARTIR

Empieza los turnos de intervención formulando unas preguntas y dando tiempo para que cada Mujer escriba lo que se le ocurra:

+ ¿Qué deseas lograr este año?
+ ¿Qué te da miedo de ese deseo?

Cuando así lo sientas, abre el círculo para compartir, invitando a cada Mujer a comentar algo que haya descubierto en su viaje o las respuestas a las preguntas formuladas.

CARTAS DEL ORÁCULO

Baraja las cartas y pásalas, invitando a cada Mujer a conectar con el espíritu solar de Capricornio. Cada una deberá fijar la intención de recibir más orientación y sabiduría al conectar con esta energía.

✦ ¿Qué paso puedo dar para cumplir mi propósito de año nuevo?

Guía a las Mujeres para compartir las cartas que reciban y el mensaje que sientan que les trasmiten.

RITUAL

Anima a cada Mujer a conectar con su intención para el nuevo año. Una a una, invítalas a elegir una cinta del altar y anotar en ella sus intenciones.

Cuando todas hayan escrito sus deseos, reúne a tus hermanas y llévalas fuera.

Descalzaos y notad la tierra bajo los pies.

Buscad un árbol que podáis rodear. Por turnos, expresad vuestros propósitos de año nuevo, con las cintas en las manos.

Comunicadlos a la tierra que tenéis debajo, al árbol de delante y al cielo de arriba.

Si es un árbol que podáis visitar periódicamente, atad las cintas a las ramas. Si no, guardadlas.

Cuando todas las intenciones hayan sido expresadas, volved a entrar.

CERRAR EL CÍRCULO

Indica a las Mujeres que cierren los ojos, para reconectar con la sabiduría que el Círculo les ha otorgado. Que dediquen un momento a agradecerse el viaje recorrido, y envíen su gratitud a todas las Mujeres reunidas con ellas, y honren la energía de Capricornio por reconducirles hacia sus propósitos más profundos.

DESPUÉS DEL CÍRCULO

Pide a las Mujeres que no ataron las cintas al árbol que elijan uno de camino a casa, uno que puedan visitar fácilmente, para expresar sus intenciones y atarlas a una rama.

CÍRCULO DE ACUARIO

Descubre tu papel como parte del todo

22 enero – 19 febrero

QUIÉN

Tres o más Mujeres.

REÚNE

+ Cesta para rituales.
+ Encuentra una causa con la que todas conectéis; un movimiento u organización que os despierte algo. Reúne símbolos u objetos que lo representen.
+ Descárgate una aplicación sobre las estrellas.

ALTAR

Extiende el mantel ritual y dispón los símbolos, objetos u ofrendas estacionales de la naturaleza en forma de círculo. Rodéalo todo con velitas y velas.

ABRIR EL ESPACIO

Preséntate, explica qué es un Círculo de Mujeres y la intención y el motivo de la reunión. Sahúma las Mujeres en el sentido de las agujas del reloj, y luego sahúma el altar. Invita a cada Mujer a presentarse, dar a conocer su signo zodiacal, explicar por qué se ha sentido llamada a asistir a la reunión y por qué conecta con esta causa.

COMUNICAR LA ENERGÍA

Con las alas de Acuario volarás, y verás todo un mundo nuevo, si lo deseas.

Esta energía posee una poderosa frecuencia que nos permite cuestionar, desafiar y elevarnos por encima de lo que vemos ante nosotros. Recurriendo a esta energía, el Círculo de Mujeres creará el espacio no solo para cambiar tus creencias sino para imaginar una nueva realidad que, si trabajamos juntas, todas podremos gozar. Este signo prepara el camino hacia un mundo más avanzado y nos insta a pensar en *nosotros* en lugar de en *mí*. Este Círculo pretende reunir todo lo bueno de cada una, en pro de una causa que nos llega al corazón, y construir juntas un nuevo mundo.

MEDITACIÓN

Invita al Círculo a respirar hondo tres veces, inspirando por la nariz y espirando por la boca. Es hora de viajar a las estrellas. Siente el arraigo a tu hogar mientras miras por la ventana al cielo nocturno. El cielo es vasto, claro y abierto, y observas una constelación que tintinea.

Cuanto más la miras, más clara sientes su llamada. Visualízate saliendo al exterior, observándola en mayor profundidad. Es casi como si las estrellas te cantaran. Empiezas a notar que tus pies se elevan del suelo y vuelas hacia ellas.

Volando por el cielo nocturno, experimentas una sensación de expansión, libertad, liberación, ingravidez.

Finalmente llegas al grupo de estrellas y te asombra la luz que desprenden. Al acercarte, absorbes su luz parpadeante, la sientes vibrar en cada célula de tu ser. Estas estrellas están aquí para recordarte los dones que posees, los dones que puedes emplear para provocar el cambio. Dedica unos momentos a disfrutar de su luz, e invita al polvo de estrellas a guiarte hacia tus dones y luz interior.

A sabiendas de que estás hecha del mismo material, las estrellas te ofrecen parte de su polvo para que te lo lleves a casa en el bolsillo. Este polvo de estrellas te recuerda tus dones y tu luz interior, las maneras en que puedes iluminar a los demás y tu capacidad para recordar a otros su propia luz.

Es hora de regresar al cielo nocturno, deslizarte por él antes de aterrizar con suavidad y sentir el suelo bajo tus pies. Al notar que regresas a tu cuerpo físico y vuelves al Círculo, abre relajadamente los ojos.

ABRIRSE Y COMPARTIR

Empieza los turnos de intervención formulando unas preguntas y dando tiempo para que cada Mujer escriba lo que se le ocurra:

+ ¿Qué habilidad posees en tu interior que puedas ofrecer al mundo?
+ ¿Qué creencias deberías dejar atrás para facilitar un cambio?
+ ¿Qué puedes hacer este mes para generar este cambio?

Cuando así lo sientas, abre el círculo para compartir, invitando a cada Mujer a comentar algo que haya descubierto en su viaje o las respuestas a las preguntas formuladas.

CARTAS DEL ORÁCULO

Baraja las cartas y pásalas, invitando a cada Mujer a conectar con el espíritu solar de Acuario. Cada una deberá fijar la intención de recibir más orientación y sabiduría al conectar con esta energía.

+ ¿Cómo puedo invertir mi energía para apoyar esta causa?

Guía a las Mujeres para compartir las cartas que reciban y el mensaje que sientan que les trasmiten.

RITUAL

Reparte papel y bolígrafos para crear un plan de acción con tus hermanas. Puede tratarse de una recolección de fondos, voluntariado, una marcha a pie, crear una campaña de concienciación, celebrar un evento, grabar un corto... lo que se os ocurra.

Distribuid roles, responsabilidades y tareas entre vosotras para determinar cómo vais a apoyar esta causa. Tomaos vuestro tiempo, elaborad un plan y salid al exterior.

Elegid un lugar bajo el cielo nocturno y sentaos bajo el cosmos. Dedicad unos momentos, con los ojos cerrados, a conectar con todo lo que guardáis en el interior, recordando que estáis hechas del mismo polvo de estrellas que la Tierra y la misma luz que las estrellas.

En sintonía con los dones de cada una y la acción elegida, invita a cada Mujer a encontrar una estrella en el cielo. Una vez elegida, pide a cada una que explique su acción al cosmos.

CERRAR EL CÍRCULO

Indica a las Mujeres que cierren los ojos, para reconectar con la sabiduría que el Círculo les ha otorgado. Que dediquen un momento a agradecerse el viaje recorrido, y envíen su gratitud a todas las Mujeres reunidas con ellas, y honren la energía de Acuario por encender el poder de su interior para cambiar el mundo.

DESPUÉS DEL CÍRCULO

Si dispones de una aplicación sobre las estrellas, puedes buscar la elegida en que se ha confiado el deseo y enviarle intenciones cada noche.

CÍRCULO DE PISCIS

Encarna y sumérgete en tu yo superior

19 febrero – 20 marzo

QUIÉN

Tres o más Mujeres.

REÚNE

+ Cesta para rituales.
+ 1 bol de agua filtrada/sagrada: cárgala con la intención del espacio la noche anterior.
+ 1 juego de acuarelas para cada Mujer.
+ 1 pincel fino para cada Mujer.
+ 1 hoja de papel para acuarelas para cada Mujer.
+ 1 vaso de agua para cada Mujer.

ALTAR

Extiende el mantel ritual y coloca el bol de agua cargada en el centro del altar. Deja cerca tu cesta para rituales, junto con las pinturas, pinceles, papel y vasos de agua.

ABRIR EL ESPACIO

Preséntate, explica qué es un Círculo de Mujeres y la intención y el motivo de la reunión. Sahúma las Mujeres en el sentido de las agujas del reloj, y luego sahúma el altar. Invita a cada Mujer a presentarse, dar a conocer su signo zodiacal, explicar por qué se ha sentido llamada a la reunión y comentar cómo se siente.

COMUNICAR LA ENERGÍA

Piscis, la energía más antigua de todos los signos, posee la llave de tu espíritu. Todos los signos nos han preparado para entrar en esta energía, donde sumergirnos en nuestra naturaleza más profunda y flotar en lo divino. Es una energía artística y creativa, por eso nos dedicaremos a reconectar con nuestros dones espirituales, emocionales, psíquicos e intuitivos, y viajar para recordar que en la vida no todo es lo que parece; eres un espíritu viviendo una experiencia humana.

MEDITACIÓN

Invita al Círculo a respirar hondo tres veces, inspirando por la nariz y espirando por la boca. Al viajar al interior de tu cuerpo, mientras repasas tu mundo interior desde la coronilla hasta los pies, deja que tu respiración te mantenga presente y consciente de tu cuerpo físico.

Una vez repasado todo tu ser, pide que te guíen hasta un espacio sagrado de tu interior. Respira hondo y déjate llevar al primer lugar al que se te dirija. Siéntelo y viaja hacia él. Al llegar, entra en el espacio sagrado más mágico: es el espacio de tus sueños. Obsérvalo. ¿Dónde estás? ¿Qué aspecto tiene el lugar? ¿Qué te rodea? ¿Qué ves? ¿Qué aromas te llegan? ¿Cómo te sientes estando aquí? Dedica un rato a explorar este sitio.

Por el rabillo del ojo, ves entrar a una Mujer. Su silueta se parece a ti, pero está rodeada de una purísima luz blanca. Se acerca más y más, hasta que te das cuenta de que es tu yo superior.

¿Qué aspecto presenta? ¿Tiene forma humana o parece una diosa, un ángel o un ser fantástico? ¿Cómo viste? ¿A qué huele? ¿Qué energía transmite? ¿Cómo te hace sentir su presencia?

Observa, absorbe tu yo superior. Mientras estás ante su presencia, es tu oportunidad para preguntarle lo que sea. ¿Qué quisieras preguntarle a tu yo superior? ¿O querrías escuchar un mensaje que tal vez te traiga? Pasad un rato juntas, en compañía, y recuerda todas las respuestas que posees, la sabiduría que posees y la verdad sobre quién eres.

Cuando sientas que has recibido todo lo que necesitas, da las gracias a tu yo superior. Abrázala y, al hacerlo, nota que se unen tus dos yos: el físico y el espiritual. Respira hondo y nota que sales del espacio sagrado de tu interior, sabiendo que este lugar y tu yo superior siempre están ahí.

Poco a poco, nota que regresas a tu cuerpo. Cuando estés lista, abre lentamente los ojos y vuelve al espacio del Círculo.

ABRIRSE Y COMPARTIR

Empieza los turnos de intervención formulando unas preguntas y dando tiempo para que cada Mujer escriba lo que se le ocurra:

+ ¿Quién es tu yo superior espiritual? ¿Qué aspecto tiene?
+ ¿Qué energía desprende?
+ ¿Qué mensajes tenía para ti?

Cuando así lo sientas, abre el círculo para compartir, invitando a cada Mujer a comentar algo que haya descubierto en su viaje o las respuestas a las preguntas formuladas.

CARTAS DEL ORÁCULO

Baraja las cartas y pásalas, invitando a cada Mujer a conectar con el espíritu solar de Piscis. Cada una deberá fijar la intención de recibir más orientación y sabiduría al conectar con esta energía.

+ ¿Qué más desea mi yo superior que yo sepa y recuerde?

Comparte con el grupo la carta recibida y el mensaje que crees que te transmite.

RITUAL

Pide a cada Mujer que imagine a su yo superior mientras repartes el papel, las pinturas, los pinceles y las tazas.

Una a una, invítalas a acercarse al altar con su taza y recoger agua del cuenco central. Al hacerlo, pueden susurrarle al agua que desean invocar a su espíritu en su arte.

Sintonizadas con la energía de su yo superior, pide que pinten un autorretrato con las acuarelas.

Cuando terminen los retratos de las almas, de una en una, compartidlos con el Círculo, nombrando las cualidades y mensajes que pretenden transmitir.

CERRAR EL CÍRCULO

Indica a las Mujeres que cierren los ojos, para reconectar con la sabiduría que el Círculo les ha otorgado. Que dediquen un momento a agradecerse el viaje recorrido, y envíen su gratitud a todas las Mujeres reunidas con ellas, y honren la energía de Piscis por guiarlas de retorno a su espíritu.

DESPUÉS DEL CÍRCULO

Anima a cada Mujer a colocar su obra en un espacio sagrado de su hogar; a lo largo del mes, pueden contemplarlo dedicando un momento a recordar su espíritu interior.

LAS ESTACIONES

LAS ESTACIONES CAMBIAN, Y NOSOTRAS CON ELLAS...

Rendir homenaje al cambio de las estaciones es una bella manera de marcar las transiciones de la naturaleza y las que ocurren en nuestro interior.

Este capítulo es una oda a la reconexión con las estaciones, y busca incorporar antiguos rituales a nuestras vidas.

Nuestros antepasados habrían honrado el paso de las estaciones con rituales y celebraciones. No hace falta rebuscar mucho para hallar el eco de estas prácticas en la vida moderna.

Piensa en la Navidad, la Pascua o el Día de Todos los Santos. Al estudiarlas, todas estas celebraciones revelan rituales de reverencia, conexión y reconocimiento de la tierra y los cambios de la naturaleza.

La rueda del año está conectada con tradiciones celtas y paganas. No obstante, todos recorremos el mismo año, y se encuentran festividades parecidas en muchas religiones y culturas antiguas. En la mayoría de las religiones, las principales fiestas responden a las mismas intenciones. Podemos parecer muy diferentes, pero todos realizamos el mismo camino. Al reducir a lo esencial nuestras diversas prácticas, descubrimos la unidad.

Podemos buscar inspiración en las culturas antiguas para rendir homenaje a los cambios de estación. Lo hacemos con la esperanza de aprender a vivir en armonía, comunión y conexión con la naturaleza una vez más.

Para el libro, se ha aprovechado la división del año en las cuatro estaciones más conocidas: primavera, verano, otoño e invierno.

Cada una ofrece su propia medicina, enseñanzas y dones a explorar, recibir y agradecer.

Las estaciones nos recuerdan lo lentamente que cambia la naturaleza. Cada tres meses iniciamos un nuevo ciclo, una nueva estación. Estas nos recuerdan que debemos tomarnos la vida con calma, un bonito remedio para el frenético estilo de vida que nos engulle. Las estaciones nos recuerdan que hemos de dar intención, conocer y confiar en todo lo que pasa a su debido tiempo y lugar, y cada una es crucial para el conjunto.

Recorramos el año paso a paso juntas.

CÍRCULO DEL EQUINOCCIO DE PRIMAVERA

Conecta con el equinoccio de primavera

El amanecer del equinoccio de primavera, si es posible

*   *   *

QUIÉN

Tres o más Mujeres que quieran reunirse para fijar intenciones poderosas.

REÚNE

Un lugar en la naturaleza con presencia de la energía de la primavera. Puede ser un bello páramo de campanillas o un jardín, o en el interior si no es posible celebrarlo fuera.

+ Cesta para rituales.
+ 4 ramos de flores de temporada, como ajo silvestre, narcisos, crocos, campanillas.
+ 1 bobina de cordel natural.
+ Tijeras.
+ 1 tarjetón para cada Mujer.

Pide a cada Mujer que recoja al menos tres flores o hierbas de temporada. Recuérdales que las recojan con intención y gratitud.

ALTAR

Extiende el mantel ritual y crea un círculo floral con las flores que has traído. Coloca el velón en el centro, y la cesta con el cordel, las tijeras y el sahumerio al lado. Invita a cada Mujer a disponer sus ofrendas en el centro del espacio del altar, dentro del círculo.

ABRIR EL ESPACIO

Preséntate, explica qué es un Círculo de Mujeres y la intención y el motivo de la reunión. Sahúma las Mujeres en el sentido de las agujas del reloj, y luego sahúma el altar. Invita a cada Mujer a presentarse, dar a conocer su signo zodiacal, explicar por qué se ha sentido llamada a la reunión y comentar qué despierta en ellas este cambio de estación.

COMUNICAR LA ENERGÍA

El equinoccio de primavera marca el inicio de la primavera. Es un momento para detenernos antes de comenzar una nueva fase de la vida.

Muchas culturas antiguas lo consideraban el inicio del año, donde la rueda del tiempo vuelve a empezar. Este momento se veía como una apertura, un portal a través del cual conectar y comunicarnos con la naturaleza, los espíritus y el universo antes de entrar en la nueva estación.

Como tal, es un momento poderoso para reunirnos y recuperar celebraciones, festejos y rituales de una vida más basada en la naturaleza.

El equinoccio se traduce como la igualdad entre día y noche. La luz y la oscuridad están en equilibrio, lo cual se convierte en una clara indicación de que nuestra luz y oscuridad interiores también están equilibradas.

Los equinoccios no solo son una bonita manera de reconocer y agradecer todo lo que ocurre en la naturaleza, sino que además son una buena oportunidad para agradecer lo que esté teniendo lugar o aquello que nos pide nuestro interior.

MEDITACIÓN

Invita al Círculo a respirar hondo tres veces, inspirando por la nariz y espirando por la boca. Invita a asentarse en la tierra para aposentarse en este espacio sagrado.

Toma conciencia de tu respiración, sintiéndote presente, reparando en su flujo. Cuanto más presente estés ante lo que pasa dentro de ti, más presente podrás estar también ante lo que pasa fuera.

Porque nos hallamos al filo de la época del año en la que el inverno se transforma en primavera, las estaciones cambian y las semillas del potencial se siembran.

Dedica un momento a escuchar, prestar atención, conectar y ser testigo de lo que sucede en tu interior.

Obsérvalo todo, sin juzgar nada, simplemente con plena consciencia. (Aquí haz una pausa de al menos un minuto.)

Ahora demos gracias al invierno, a la oscuridad, a los meses fríos, al aire gélido, al trabajo que se ha llevado a cabo muy adentro... mientras nos preparamos para recibir a la primavera.

Cuando esteis listas, sin prisa alguna, notad el peso del cuerpo sobre donde os halláis sentadas, moved delicadamente los dedos de manos y pies, y abrid los ojos.

ABRIRSE Y COMPARTIR

Empieza los turnos de intervención formulando unas preguntas y dando tiempo para que cada Mujer escriba lo que se le ocurra:

+ ¿En qué aspectos vitales no gozo y gozo de equilibrio?
+ ¿Cómo te sientes llamada a honrar la luz y la oscuridad interiores?
+ ¿Qué semillas te sientes llamada a plantar?
+ ¿Qué deseas que sea fértil esa primavera?

Cuando así lo sientas, abre el círculo para compartir, invitando a cada Mujer a comentar algo que haya descubierto en su viaje o las respuestas a las preguntas formuladas.

CARTAS DEL ORÁCULO

Baraja las cartas y pásalas, invitando a cada Mujer a conectar con el espíritu del equinoccio de primavera. Cada una deberá fijar la intención de recibir más orientación y sabiduría al conectar con esta energía.

+ ¿Qué me siento llamada a plantar esta primavera?
+ ¿Qué les impide crecer a mis semillas?

Guía a las Mujeres para compartir las cartas que reciban y el mensaje que sientan que les trasmite la carta.

RITUAL

Anima a las Mujeres a sintonizar con lo que estén preparadas para plantar esta primavera, y luego escribir una intención en un tarjetón y atarlo a un trozo largo de cordel.

Pide a cada una que recoja las hierbas y flores que ha traído.

Con el cordel y la intención, invítalas, una a una, a crear un manojito medicinal, casi como si prepararan un ramito de flores. (Puede ser útil una demostración.) Asegúrate de que aten y confeccionen el manojito con intención.

CERRAR EL CÍRCULO

Indica a las Mujeres que cierren los ojos, para reconectar con la sabiduría que el Círculo les ha otorgado. Que dediquen un momento a agradecerse el viaje recorrido para conectar con las semillas deseosas de ser plantadas, envíen su gratitud a todas las Mujeres reunidas con ellas y honren la energía del equinoccio de primavera por guiarlas de regreso a su espíritu.

DESPUÉS DEL CÍRCULO

Pide a cada Mujer que conserve el manojito en un lugar seguro y lo coja, lo huela y conecte con él a lo largo de la estación, con el fin de recordar lo que está lista para plantar.

CÍRCULO DEL SOLSTICIO DE VERANO

Un Círculo para celebrar el solsticio de verano

La noche del solsticio de verano

*   *   *

QUIÉN

Tres o más Mujeres que deseen reunirse para rendir homenaje al día más largo del año.

REÚNE

Un parque, jardín, playa (si el tiempo lo permite). Un lugar en la naturaleza. Como es el día más largo del año, celebra el Círculo al anochecer, mientras todavía hay luz, y organiza un pícnic.

+ Cesta para rituales.
+ 1 ramo de girasoles.
+ 1 ramo de otras flores de temporada.
+ Alambre floral y cinta adhesiva (suficiente para las coronas de las participantes).
+ Tijeras o alicates para cortar el alambre.
+ Comida y utensilios para el pícnic.

Pide a las Mujeres que recojan flores de temporada para traerlas al Círculo, además de un plato cocinado para compartir y una manta.

ALTAR

Extiende el mantel ritual y crea un círculo floral con las cabezas florales de los girasoles. En el medio, coloca velas, cristales y lo que te apetezca.

ABRIR EL ESPACIO

Preséntate, explica qué es un Círculo de Mujeres y la intención y el motivo de la reunión. Sahúma las Mujeres en el sentido de las agujas del reloj, y luego sahúma el altar. Invita a cada Mujer a presentarse, dar a conocer su signo zodiacal, explicar por qué se ha sentido llamada a la reunión y comentar qué despierta en ellas este cambio de estación.

COMUNICAR LA ENERGÍA

El sol ha alcanzado su cénit y brilla en lo alto del cielo. En este momento, damos la bienvenida al día más largo del año, que indica que hemos pasado de la energía en ascenso de la primavera a la explosión del verano al iniciar la siguiente estación y ciclo.

La tierra es abundante, llena de flores, hierbas y plantas. Todo ha florecido y el sol lo ilumina todo. Es un momento para disfrutar, honrar y agradecer profundamente toda la luz que ha brillado sobre nosotras, la carga de energía que el sol nos ha brindado, toda la vida, crecimiento y abundancia. El solsticio de verano es una bonita oportunidad para hacer una pausa, reflexionar, celebrar y reconocer la luz del sol.

Los pueblos se han reunido desde el inicio de los tiempos para rendir homenaje al solsticio y el cambio de las estaciones. Lo comprobamos cuando observamos los antiguos círculos de piedras dispuestas con intención para dar la bienvenida al sol este poderoso día: el Templo del Sol en Perú, Stonehenge en Inglaterra, el Anillo de Brodgar en Escocia, las Pirámides de Egipto.

El solsticio nos invita a conectar con este potente ritual una vez más, honrar al sol y regocijarnos en la gloria de la luz. Las culturas de todo el mundo celebran el solsticio con algún festejo, música, bailes y alegría: es probablemente la raíz de los festivales de verano. En verano, todos buscamos un espacio para reunirnos, para celebrar, aprovechando que finalmente podemos descansar y disfrutar.

MEDITACIÓN

Invita al Círculo a respirar hondo tres veces, inspirando por la nariz y espirando por la boca, y luego respirar al ritmo que les resulte natural.

Toma conciencia de tu respiración, sintiéndote presente, reparando en su flujo.

Cuanto más presente estés ante lo que pasa dentro de ti, más presente podrás estar también ante lo que pasa fuera.

Las semillas que plantamos empiezan a florecer, y es el momento de sentarnos y reflexionar acerca de nuestro crecimiento.

¿Qué has creado para ti este año? Sea grande o pequeño, acepta la gloria que te corresponde.

Los frutos de tu trabajo, los dones que has manifestado.

Confía en lo que surja, y obsérvalo, reflexiona y recibe la luz de lo que eres.

(Haz una pausa de al menos un minuto.)

Vuelve a la sala con esta luz, mientras sientes que regresas a tu asiento, mueve los dedos de manos y pies, y abre los ojos.

ABRIRSE Y COMPARTIR

Empieza los turnos de intervención formulando unas preguntas y dando tiempo para que cada Mujer escriba lo que se le ocurra:

+ ¿De qué te sientes orgullosa?
+ ¿Por qué te sientes agradecida?
+ ¿Qué bendiciones existen en tu vida?
+ ¿Qué puedes dar a los demás?

Cuando así lo sientas, abre el círculo para compartir, invitando a cada Mujer a comentar algo que haya descubierto en su viaje o las respuestas a las preguntas formuladas.

CARTAS DEL ORÁCULO

Baraja las cartas y pásalas, invitando a cada Mujer a conectar con el espíritu del solsticio de verano. Cada una deberá fijar la intención de recibir más orientación y sabiduría al conectar con esta energía.

✦ ¿Cómo me siento llamada a ver mi luz interior?
✦ ¿Qué debería dejar atrás para ver mi luz?

Comparte el mensaje recibido con el Círculo, y cuenta cómo sientes que conecta con lo que has descubierto en el espacio hasta el momento.

Invita a las Mujeres a recoger las flores que han traído y las que les atraigan del Círculo.

Enséñales a confeccionar una corona de flores.

Reconociendo tu gloria y recogiendo la vibración de toda la luz que se te pide que veas en ti misma, toma el alambre y pide a la Mujer de al lado que te ayude a cortar un trozo del tamaño de tu cabeza.

Cuando lo tengas, empieza a decorarlo con tus flores, usando la cinta adhesiva para fijar los tallos.

Entreteje cada flor con intención.

Sigue con el procedimiento hasta que la corona quede cubierta de flores.

Luego, una a una, levantad las coronas, ponéroslas en la cabeza e invitad a las demás a ser testigos de vuestra coronación como las reinas que sois.

CERRAR EL CÍRCULO

Indica a las Mujeres que cierren los ojos, para reconectar con la sabiduría que el Círculo les ha otorgado. Que dediquen un momento a agradecerse el viaje recorrido para conectar con las semillas deseosas de ser plantadas, y envíen su gratitud a todas las Mujeres reunidas con ellas, y honren la energía del solsticio de verano por guiarlas de retorno a su espíritu.

DESPUÉS DEL CÍRCULO

Una vez cerrado el Círculo, ¡es hora de comer! Sacad la comida, montad el pícnic, encended una hoguera si es posible y seguid toda la noche brillando, riendo, cantando y danzando con la alegría del verano, ¡vuestra alegría!

CÍRCULO DEL EQUINOCCIO DE OTOÑO

Una reunión para honrar el equinoccio de otoño

El fin de semana del equinoccio de otoño

* * *

QUIÉN

Tres o más Mujeres.

REÚNE

En algún lugar de la naturaleza, como un bosque o un prado, o en un jardín o una zona tranquila de un parque. Debe ser un sitio con acceso a plantas, hierbas o flores silvestres.

+ Cesta para rituales.
+ 6 manzanas.
+ 1 manojo de trigo.
+ Otras hierbas o flores de temporada que te apetezca traer.
+ Cualquier otra cosa que simbolice la cosecha otoñal.
+ 1 bobina de cuerda.

Pide a las Mujeres que traigan consigo un cesto, unas tijeras y una manta.

ALTAR

Crea un espacio sagrado en la naturaleza. Extiende el mantel ritual, y dispón el círculo floral encima, con las manzanas, trigo y otras hierbas y flores que hayas traído. Enciende una vela en el centro y coloca unas cuantas velitas, cristales u otros símbolos en los espacios vacíos del círculo. Deja la cesta para rituales al lado.

ABRIR EL ESPACIO

Preséntate, explica qué es un Círculo de Mujeres y la intención y el motivo de la reunión. Sahúma las Mujeres en el sentido de las agujas del reloj, y luego sahúma el altar. Invita a cada Mujer a presentarse, dar a conocer su signo zodiacal, explicar por qué se ha sentido llamada a la reunión y comentar qué despierta en ellas este cambio de estación.

COMUNICAR LA ENERGÍA

Al llegar al equinoccio de otoño, regresamos al equilibrio de la luz y el día que experimentamos en la primavera. Pasados seis meses, se nos brinda una nueva oportunidad para la introspección. Es un momento para hacer una pausa, recalibrar y reconectar con nuestra energía.

Pero ahora nos preparamos para el descenso a la oscuridad. Las noches se alargan, los días se acortan, el aire es más fresco, los árboles devuelven la salvia a la tierra, y la naturaleza pasa de un verde exuberante a tonos amarillos y anaranjados. Los árboles han dado su fruto, y nosotras también. Es hora de detenerse y recolectar lo que hemos sembrado.

MEDITACIÓN

Invita al Círculo a respirar hondo tres veces, inspirando por la nariz y espirando por la boca, y luego respirar al ritmo que les resulte natural.

Toma conciencia de tu respiración, sintiéndote presente, reparando en su flujo. Cuanto más presente estés ante lo que pasa dentro de ti, más presente podrás estar también ante lo que pasa fuera.

La rueda del tiempo gira y nos preparamos para entrar en esos meses más oscuros, y es hora de cosechar lo que plantamos. Para convertir nuestros frutos en medicina, para llamar a la luz de nuestro interior y para que sea la luz a la que regresemos al descender a la oscuridad.

Sintoniza con lo que has cultivado, los cambios y obstáculos a los que has hecho frente, las enseñanzas y sabiduría que has acumulado y las lecciones aprendidas.

Cosecha todo lo que necesites para recordar tu poder, tu fuerza, tu luz.

(Haz una pausa de al menos un minuto.)

Cuando estés lista, nota que regresas al espacio, regresando con todo lo que necesitas, mientras mueves poco a poco los dedos de manos y pies, y abres los ojos.

ABRIRSE Y COMPARTIR

Empieza los turnos de intervención formulando unas preguntas y dando tiempo para que cada Mujer escriba lo que se le ocurra:

+ ¿Qué sabiduría se te ha pedido que recojas?
+ ¿Qué medicina albergas en tu interior?
+ ¿Qué frutos del trabajo hecho estás cosechando?
+ ¿Qué necesitas recolectar para tu ser interior?

Cuando así lo sientas, abre el círculo para compartir, invitando a cada Mujer a comentar algo que haya descubierto en su viaje o las respuestas a las preguntas formuladas.

CARTAS DEL ORÁCULO

Baraja las cartas y pásalas, invitando a cada Mujer a conectar con el espíritu del equinoccio de otoño. Cada una deberá fijar la intención de recibir más orientación y sabiduría al conectar con esta energía.

+ ¿Qué necesitas recordar para que te apoye durante el viaje hacia los meses más oscuros?

Guía a las Mujeres para compartir las cartas que reciban y el mensaje que sientan que les trasmite la carta.

RITUAL

Sintonizad con las intenciones e invita a las Mujeres a salir a explorar el entorno. Deja que la naturaleza te guíe, déjate llevar por las flores y hierbas que te atraigan. ¿Qué llama tu atención? ¿Con qué tropiezas?

Confía en tu intuición para recoger y cosechar solo lo necesario, dejando suficiente para los demás.

Una vez reunida tu colección de hierbas y flores, regresa al Círculo y siéntate con tu ramito un rato, sintiendo la energía de las hojas, los pétalos, los olores.

Con un poco de cuerda, empieza a confeccionar tu propio atado medicinal.

Primero sella tu energía en las plantas, tus intenciones, deseos o plegarias.

Luego esperad a que se active esta energía, levantándoos, una a una, con todo lo que habéis cosechado, y diciendo vuestros deseos en alto.

CERRAR EL CÍRCULO

Indica a las Mujeres que cierren los ojos, para reconectar con la sabiduría que el Círculo les ha otorgado. Anima a las presentes a dedicar un momento a honrarse por lo cosechado, y enviar gratitud a las Mujeres reunidas en el Círculo y a la energía del equinoccio de otoño por permitirnos reflexionar sobre esta época.

DESPUÉS DEL CÍRCULO

Pide a las Mujeres que guarden los atados medicinales en un lugar sagrado de su casa. Pueden echar una de las hierbas en el baño un día, o prepararse una infusión, una tintura o un agua floral con ellas, para recordarles todo el poder medicinal de su propio interior.

CÍRCULO DEL SOLSTICIO DE INVIERNO

Un Círculo para celebrar el solsticio de invierno

La noche del solsticio de invierno

*   *   *

QUIÉN

Tres o más Mujeres que deseen reunirse para rendir homenaje al día más oscuro del año.

REÚNE

En un bosque, un parque, un lugar con árboles, al atardecer, antes de que se haga de noche.

+ Cesta para rituales.
+ 1 manojo de eucalipto.
+ 1 ramo de hojas perennes (hiedra, acebo, etc.).
+ 1 manojo de palitos.
+ 2-3 cintas por Mujer.
+ 1 velita por Mujer.
+ Unas cuantas mantas/pieles de cordero, etc.

Pide a las Mujeres que traigan una linterna y una manta adicional para envolverse.

ALTAR

Crea un espacio sagrado en la naturaleza, con suficientes mantas para todas. Coloca una vela en el centro y forma un círculo floral con eucalipto, hojas verdes y palitos de madera. Distribuye las velitas por los espacios vacíos del círculo.

ABRIR EL ESPACIO

Preséntate, explica qué es un Círculo de Mujeres y la intención y el motivo de la reunión. Sahúma las Mujeres en el sentido de las agujas del reloj, y luego sahúma el altar. Invita a cada Mujer a presentarse, dar a conocer su signo zodiacal, explicar por qué se ha sentido llamada a la reunión y comentar qué despierta en ellas este cambio de estación.

COMUNICAR LA ENERGÍA

Con la llegada del solsticio de invierno, entramos en la noche más larga del año. Es el momento de mayor oscuridad, y ahora esperamos pacientemente que la rueda del año siga su viaje y vuelva la luz.

En este momento se nos ofrece una ocasión para confiar, para confiar en que la luz volverá, para permitir que nos rindamos a la oscuridad y para recordar que en ella es donde nace todo.

Por eso realizamos una pausa y nos preguntamos qué medicina nos ofrece esta época del año. Aunque nos adentramos en lo que parecen las profundidades del invierno, también es un momento para recordar que la luz volverá pronto, porque el día más corto es en realidad el inicio del retorno de la luz.

Solo hay que mirar a la naturaleza para comprender lo que se nos pide. Los árboles están desnudos, pero suceden muchas cosas en sus raíces. El invierno es un momento de descanso, de recuperación, un tiempo para cultivarse y encender el fuego interno para mantener el calor.

Puede parecer que nada se mueve, pero se está realizando todo el trabajo interior; ríndete a la energía del invierno.

MEDITACIÓN

Invita al Círculo a respirar hondo tres veces, inspirando por la nariz y espirando por la boca, y luego respirar al ritmo que les resulte natural.

Toma conciencia de tu respiración, sintiéndote presente, reparando en su flujo.

Cuanto más presente estés ante lo que pasa dentro de ti, más presente podrás estar también ante lo que pasa fuera.

Hemos llegado al punto más oscuro del año. Ha terminado el descenso y ahora, poco a poco, ascendemos de nuevo hacia la luz.

¿Cómo te sientes entrando en la oscuridad? ¿En qué aspecto intentas resistirte a tu oscuridad interior?

¿Eres capaz de encontrar la fuerza dentro de ti, sabiendo que las estaciones cambian, pero cada una tiene su propósito? ¿Qué te está intentando mostrar la oscuridad ahora mismo? ¿Qué intentan transmitirte tus emociones?

¿Eres capaz de sentir gratitud hacia la oscuridad, por todo lo que te ha aportado, por cómo te ayuda a crecer?

(Haz una pausa de al menos un minuto.)

Cuando estés lista, nota que regresas al espacio, regresando con todo lo que necesitas, mientras mueves poco a poco los dedos de manos y pies, y abres los ojos.

ABRIRSE Y COMPARTIR

Empieza los turnos de intervención formulando unas preguntas y dando tiempo para que cada Mujer escriba lo que se le ocurra:

+ ¿Cómo te sientes estando en la oscuridad?
+ ¿Qué notas que se te muestra con ella?
+ ¿Qué experiencias nos hacen sentir gratitud?

Cuando así lo sientas, abre el círculo para compartir, invitando a cada Mujer a comentar algo que haya descubierto en su viaje o las respuestas a las preguntas formuladas.

CARTAS DEL ORÁCULO

Baraja las cartas y pásalas, invitando a cada Mujer a conectar con el espíritu del solsticio de invierno. Cada una deberá fijar la intención de recibir más orientación y sabiduría al conectar con esta energía.

+ ¿Por qué cosas en mi vida necesito expresar mayor gratitud?
+ ¿Qué lecciones intentan mostrarse a través de la oscuridad?
+ ¿Cómo puedo invertir mi energía durante los meses invernales?

Guía a las Mujeres para compartir las cartas que reciban y el mensaje que sientan que les trasmite la carta.

RITUAL

Anima a cada Mujer a sintonizar con los mensajes e intenciones que han recibido del Círculo.

Ofrece unas cuantas cintas a cada Mujer y empezad a caminar por entre los árboles, de paseo meditativo. Pide a las Mujeres que estén abiertas a los árboles que las llamen, y que aten sus cintas de gratitud a las ramas, dedicando un momento a honrar el trabajo interior del árbol, igual que honran el trabajo interior de las Mujeres.

Dale las gracias al árbol, abrázalo si lo deseas, o bésalo, y regresa al Círculo con intención.

Cuando todas hayan vuelto, una a una, hazlas entrar en el Círculo para coger una velita y encender la llama con la vela del centro del círculo. Dedica un momento, mientras sostienes la llama en la palma de la mano, para expresar tus intenciones en voz alta, invocando y agradeciendo la luz de tu interior.

CERRAR EL CÍRCULO

Indica a las Mujeres que cierren los ojos, para reconectar con la sabiduría que el Círculo les ha otorgado. Que dediquen un momento a agradecerse todo lo que han hallado en la oscuridad, y envíen su gratitud a todas las Mujeres reunidas con ellas, y honren la energía del solsticio de invierno por permitirles encontrar la luz en la oscuridad.

DESPUÉS DEL CÍRCULO

Puede estar bien visitar el árbol de vez en cuando, para cuidarlo, tal vez atar alguna cinta más, y abrazarlo. Estoy segura de que agradecerá tu regreso. A medida que los días se alargan, puedes observar el camino de tu árbol, cómo brota y florece, reconociendo su viaje junto al tuyo.

Si alguna vez necesitas recordar tu luz durante los meses oscuros, enciende la velita como recordatorio.

CUIDADOS

NUEVOS COMIENZOS • HONRAR LOS FINALES
MANIFESTACIÓN

HEMOS EXPLORADO la energía cíclica de la naturaleza y cómo podemos incorporarla a nuestros Círculos. Ahora vamos a concentrarnos en la naturaleza cíclica de nuestros mundos interiores. La vida siempre nos ofrece momentos para hacer una pausa, reflexionar y reconocer cambios en nuestra vida, e igual que la luna, el sol y las estaciones, nosotras también fluimos.

En mi vida, ha habido momentos duros en que he buscado una comunidad, un espacio para compartir mis altibajos en un entorno más simbólico y significativo, para poder ser vista, ser testigo y sentirme apoyada a lo largo de mi ciclo vital.

Como cultura, hemos olvidado lo que podemos aportarnos mutuamente cuando precisamos apoyo. En los próximos capítulos, veremos momentos para reunirnos con el fin de apoyarnos y darnos espacio unas a otras para celebrar, vivir el duelo, agradecer y rendir homenaje a los ciclos de nuestras propias vidas. Descubriremos formas alternativas de reunirnos y ayudarnos.

Si te sientes identificada con alguno de los siguientes Círculos y desearías organizar uno para ti, mi consejo es que recurras a una amiga y compartas con ella las tareas.

Al pedirle que cree este espacio sagrado para ti, haces crecer esta práctica: cuando llegue el momento, seguro que te pedirá que celebres también un Círculo para ella.

Creo firmemente que, al avanzar por los ciclos de la vida, podemos dar y recibir esta poderosa medicina simplemente sabiendo cómo apoyarnos cuando lo necesitamos.

NUEVOS COMIENZOS

AL FINALIZAR UN CICLO, SE INICIA OTRO.

En la vida, reflejamos constantemente el mismo ciclo vital que observamos en la luna, el sol, las estaciones.

Lo tomo como recordatorio de nuestra conexión con la naturaleza. Al honrar a la luna, el renacimiento de la primavera, el despertar de los nuevos comienzos, también podemos hacerlo con los momentos vitales que nos proponen un nuevo comienzo. Esto es una invitación para reunirte con tus hermanas, celebrar un Círculo de Mujeres, crear un espacio sagrado al iniciar una nueva etapa vital. Para rendir homenaje a la valiosa invitación de la vida a recomenzar, y aprovechar todas las oportunidades que se nos presentan en este instante.

Deseo que estos espacios se conviertan en algo frecuente, y que recordemos que darnos estos espacios, celebrando y siendo testigos de nuestro paso por los nuevos inicios de la vida, es el mejor regalo que podemos hacernos.

CÍRCULO PARA UN NUEVO AMOR

Para honrar el comienzo de una nueva relación

Durante la fase de luna de miel de una nueva relación

*   *   *

QUIÉN

Reúne a sus mejores amigas, las que han estado a su lado para lo bueno y para lo malo, las incondicionales.

REÚNE

+ Cesta para rituales.
+ 1 ramo grande de rosas.
+ 5 cuarzos rosas.

ALTAR

Extiende el mantel ritual. Coloca una vela en el medio, y forma un círculo floral alrededor de la vela con pétalos, cabezas florales, hojas y los cristales de cuarzo rosa. Usa tu intuición para confeccionar un mandala intencional. Deja la cesta para rituales junto al altar.

ABRIR EL ESPACIO

Preséntate, explica qué es un Círculo de Mujeres y la intención y el motivo de la reunión. Sahúma las Mujeres en el sentido de las agujas del reloj, y luego sahúma el altar. Invita a cada Mujer a presentarse, dar a conocer su signo zodiacal, explicar por qué se ha sentido llamada a asistir a la reunión y por qué han decidido venir.

COMUNICAR LA ENERGÍA

Al iniciar una relación, la mayoría empezamos con miedo o expectativas poco realistas; o bien nos sentimos en el éxtasis de la luna de miel o sentimos temores que crecen y boicotean este nuevo capítulo.

Las lecciones más profundas que he aprendido en mi vida han salido de mis relaciones sentimentales. De modo que, tanto si este nuevo amor va a ser la persona de tu vida como si va a ser quien te enseñe algo, no podrás recibir la medicina de este nuevo amor si no estás abierta a ello.

Este Círculo trata del arraigo. Trata de poner los pies en la tierra, volver a tu cuerpo, a tu corazón, para disfrutar de este nuevo capítulo de tu vida, desde tu verdad, y abrirte así a toda la magia que te espera.

Las relaciones nuevas pueden reabrir viejas heridas, que revivas miedos, proyecciones e ilusiones, y facilitar oportunidades para vernos, sanar las heridas y crear un nuevo resultado.

El Círculo no trata tanto de celebrar el nuevo amor sino de crear un espacio seguro y sagrado para honrar este nuevo inicio, dejar atrás lo que trate de boicotearlo y abrir el corazón para que este amor pueda entrar.

MEDITACIÓN

Guía el Círculo con una meditación de amor a una misma.

Invita al Círculo a respirar hondo tres veces, inspirando por la nariz y espirando por la boca, y luego pídeles que respiren hondo hasta el corazón, de nuevo con tres respiraciones hacia el corazón y desde el corazón.

Indicando que abran los corazones para el Círculo, pide a las Mujeres que expresen una intención desde el corazón. ¿Cómo quiere el corazón que se sientan?

Confiando en las palabras recibidas, guíalas tranquilamente para que regresen a su cuerpo y, cuando estén listas, abran los ojos.

ABRIRSE Y COMPARTIR

Esta ronda de turnos de palabra es capaz de crear un entorno para mostrarse vulnerable, donde la Mujer que rinde homenaje al nuevo amor puede compartir, soltar y abrirse en relación con lo que sienta que la bloquea cuando intenta dejar entrar este amor. El Círculo es el hogar; un hogar del corazón.

+ ¿Qué sientes que proyectas en esta relación?
+ ¿Tienes expectativas de lo que debe ser?
+ Si esta relación fuera un espejo, ¿qué reflejaría tu nueva pareja?
+ ¿Qué cualidades te encantan de tu pareja? ¿Reconoces estas cualidades en ti misma?
+ ¿Qué cualidades te molestan? ¿Reconoces estas cualidades en ti misma?
+ ¿De qué necesitas desprenderte para recuperar tu espacio en el corazón?
+ ¿Qué necesitas reconocer, celebrar y revelar de ti misma para mostrarlo abiertamente?
+ ¿Qué puedes hacer para mostrarte de manera auténtica en la relación?
+ ¿Sientes que necesitas esconder alguna parte de ti misma para estar a la altura?

Deja un tiempo para sintonizar con las preguntas y poder crear un espacio seguro donde surjan las respuestas, y sean testimoniadas y escuchadas, ya que entonces es cuando ocurre la sanación.

CARTAS DEL ORÁCULO

Invita a cada Mujer a sacar una carta con la intención de recibir información sobre la energía necesaria para apoyar más a la interesada.

+ ¿Qué mensaje debe recibir [nombre] para sentirse apoyada en su relación?

Recorre el Círculo por turnos, para que cada una comparta la carta recibida y el mensaje que transmite.

RITUAL

Invita a la Mujer interesada a dedicar unos momentos a escribir los consejos, orientaciones o mensajes recibidos del Círculo.

Al hacerlo, conectará con lo que haya surgido, con lo que se le pide afrontar en este nuevo capítulo; ya sea una intención, una acción o una nueva creencia.

Invítala a escribirse una carta de amor a ella misma, donde enumere sus bonitas cualidades, aquello que desea compartir con su nueva pareja y los miedos que está preparada para dejar atrás. Empieza la carta con: «Querida [nombre]», y termina con «Te quiere: [nombre]», para mostrar que reconozca y honre su yo superior al escribir esta carta.

Con la carta, indica a la Mujer que entre en el espacio del altar, tome un cristal de cuarzo rosa del centro, lo deje en la palma de su mano y cierre los ojos para sellar la intención en el cristal.

Es un bonito momento para que la rodeen sus hermanas y le echen pétalos de rosa por encima.

CERRAR EL CÍRCULO

Una vez sellada la energía en el cuarzo rosa, puedes cerrar el Círculo indicando a las Mujeres que cierren los ojos, para reconectar con la sabiduría que el Círculo les ha otorgado. Aunque este Círculo se ha celebrado en honor de [nombre], traía mensajes importantes para todas. Dediquemos un momento a rendirnos homenaje por haber regresado al Círculo, a dar las gracias a todas las Mujeres por reunirse y a la energía de esta nueva relación... que sea el inicio de algo mágico.

DESPUÉS DEL CÍRCULO

Anima a la Mujer que confíe en el cuarzo rosa como su aliado, alimentado con la energía que desea aportar a la nueva relación. Dile que lo guarde cerca, y que cuando se sienta desconectada de su corazón, relea la carta o llame a una de sus hermanas para que sea el reflejo de lo que ella pueda haber olvidado.

HONRAR LOS FINALES

EN LA VIDA, CUANDO ALGUIEN O ALGO NOS ES ARREBATADO, SUELEN LLEGAR DÍAS DIFÍCILES.

Pero los finales forman parte del ciclo vital. Comportan desconsuelo, resistencia, dolor y rechazo. Pero con estos sentimientos también recibimos sanación, sabiduría y enseñanzas.

Por eso no hay nada más reconfortante que compartir el duelo sincera y abiertamente en un Círculo con alguien que hace de testigo de tu pérdida sin pretender reducirla.

Juntas nos damos espacio para el dolor, en su expresión tierna, cruda y salvaje.

El duelo no busca arreglo, consejo ni salvación, simplemente busca ser visto, reconocido y amado. Cuando nos sentamos en un Círculo en homenaje a un final, encarnamos conscientemente el significado de las palabras «Estoy a tu lado».

Nada es más reconfortante para el corazón que sufre que un lugar seguro donde exteriorizar su pena. En este capítulo, se ofrecen tres tipos de Círculos para rendir homenaje al corazón afligido. Estos se centran alrededor de una persona y del apoyo de las que la quieren. No obstante, se pueden adaptar para celebrar un Círculo comunitario donde se invite a cada persona a compartir su propia experiencia de pérdida.

CÍRCULO DE DUELO

Un espacio sagrado para ofrecer apoyo a una hermana afligida

Cuando le parezca adecuado a la afectada. Hay quien opta por celebrar el espacio justo después de la pérdida, mientras que otras personas prefieren dejar que pase un tiempo. También puede ser bonito celebrar un Círculo cerca de un aniversario o cumpleaños.

*　　　*　　　*

Quizás no haya otra sensación de final como la que experimentamos con la pena de una pérdida. Vemos cambiar por entero el paisaje de nuestra vida, y a pesar de su universalidad, el duelo es un momento del que no se habla mucho.

Creo que existe un segundo duelo, tal vez más perjudicial, tras la muerte de un ser querido, formado por los sentimientos de soledad y aislamiento que se experimentan al vivir la pérdida sin el apoyo de espacios, rituales y nuestros mayores.

No estamos hechos para superar solos los momentos duros de la existencia. Sin embargo, el mundo moderno ha perdido de vista la unión inextricable entre amor y pérdida. Como hermanas, la pena y la gratitud van de la mano, y ambas necesitan espacio para ser contempladas.

Con esto en mente, te invito a abrirte al duelo, la pérdida y la pena dentro de un Círculo sagrado, y reconocer que los finales de la vida requieren tanta atención como los principios. Gracias, Nici Harrison, por regalarnos este círculo de duelo.

QUIÉN

Un grupo de hermanas del alma.

REÚNE

+ Cesta para rituales.
+ 1 ramo de flores.
+ 1 jarra con agua.
+ 1 cuenco vacío.

Pide a las Mujeres que traigan una flor, piedra u otro objeto que crean de consuelo para la doliente. Pide a la doliente que traiga imágenes, objetos o palabras que la conecten con la persona/cosa perdida.

ALTAR

Extiende el mantel ritual y crea un círculo floral con las flores elegidas. Llena el círculo con imágenes u objetos que las participantes hayan traído. Deja el resto de cosas en la cesta para rituales y mantenla cerca.

ABRIR EL ESPACIO

Preséntate, explica qué es un Círculo de Mujeres y la intención y el motivo de la reunión. Sahúma las Mujeres en el sentido de las agujas del reloj, y luego sahúma el altar. Invita a cada Mujer a presentarse y explicar por qué es importante para ella estar aquí hoy.

COMUNICAR LA ENERGÍA

El Círculo de duelo es un espacio intencional para compartir la pena en toda su magnitud y verdad, donde convertirte en testimonio, ser recibida y acogida con cariño y compasión. Nos reunimos para dedicar este espacio a nuestra querida amiga que está experimentando pérdida y dolor. Nos sentamos para compartir su pena, sin intentar minimizarla ni transformarla, sino para vivirla juntas. En este Círculo, ofrecemos un lugar para dar permiso al duelo en toda su expresión. Damos apoyo como si fuéramos las riberas de un río, por donde fluye la pena. Tu dolor es bienvenido aquí.

MEDITACIÓN

Pide al grupo que cierren los ojos y conecten con su cuerpo y cómo se siente, que estén plenamente presentes y conscientes del suelo donde descansan, y de la energía de apoyo de la Madre Tierra, que siempre nos sostiene.

Agradece al grupo su asistencia, reconociendo que el mayor regalo que pueden ofrecer a la persona afligida es sentarse con ella mientras vive su pérdida. Puedes traer estas tres cualidades al Círculo: presencia, aceptación y compasión.

+ Ofrecemos nuestra plena conciencia, nuestra capacidad de testimoniar los altibajos de la pena, y le abrimos este espacio para dejarla que sea.

+ Recibimos el duelo con aceptación, sin juicios ni expectativas, dejando que sea salvaje, vasto y furioso si lo es, y creamos el espacio para que exista.

+ Aportamos nuestra infinita compasión y cariño, para que tenga lugar una verdadera alquimia que transforme la pena, dándole espacio para ser vista y liberada.

Con estas tres cualidades de presencia, aceptación y compasión, observad mentalmente las maneras en que podéis apoyar a vuestra amiga en este momento. Que estas intenciones os llenen mientras abrimos este espacio para que sienta su pena, agradecidas porque la pena es un viaje real pero no necesariamente para recorrerlo sola.

ABRIRSE Y COMPARTIR

Este momento sirve para dar a la doliente ocasión de expresar su dolor y ser contemplada en su pena. Para las participantes del Círculo es un espacio para escuchar y reconocer la pena de su amiga, sin intentar repararla ni aliviarla.

Para abrir el Círculo, cada persona comparte lo que la afectada significa para ella, y su intención y la manera en que espera apoyarla durante este momento difícil. Añade lo que te sientas llamada a ofrecer en este Círculo sanador a través del apoyo. Cuando todas hayan participado, la persona a la que se dedica el Círculo puede hablar desde el corazón sobre lo que está experimentando, cómo siente la pena en su mente, cuerpo y alma, y sobre cualquier otra cosa que desee mostrar o compartir.

Dadle el tiempo necesario para decir todo aquello que necesite expresar. El grupo puede contestar: «Te escucho», «Lo veo», «Acojo tu pena», «Te quiero».

REFLEXIÓN PERSONAL

Cuando de forma natural el círculo para compartir llegue a un cierre, pon una bonita canción e invita a todas a tomar bolígrafo y papel y escribir algo en privado durante 5-10 minutos. Puede empezar así: «Si mi corazón hablara, diría...».

RITUAL

En este ritual, cada participante del Círculo describirá su intención de apoyar a su amiga al expresar y compartir su pena. Al verter el agua, simbolizamos la necesidad de que la pena fluya, y damos permiso a las emociones para ser expresadas y compartidas.

Una a una, cada persona se acercará al centro del Círculo y verterá un poco de agua de la jarra en el bol vacío. Al hacerlo, pueden decir: «Vierto agua por tu pena, para que transite con fluidez. Estoy contigo».

Cuando todas terminen, la doliente tomará el bol con agua y lo ofrecerá a la tierra, ya sea en el exterior o una maceta con una planta. Con esta ofrenda, puede pedir a la tierra que la apoye y lleve sus lágrimas como un río al mar.

CERRAR EL CÍRCULO

Indica a las Mujeres que cierren los ojos, para reconectar con la sabiduría que el Círculo les ha otorgado. Aunque este Círculo se ha celebrado en honor de [nombre], traía mensajes importantes para todas. Dediquemos un momento a rendirnos homenaje por haber regresado al Círculo, a dar las gracias a todas las Mujeres por reunirse y a honrar a la Mujer para la que nos hemos reunido.

DESPUÉS DEL CÍRCULO

Invita a todas las participantes del Círculo a disponer su propia jarrita de agua y bol vacío en casa. Cuando sientan el impulso de apoyar a su amiga, pueden verter un poco de agua y decir en voz alta: «Vierto agua por tu pena, para que transite con fluidez. Estoy contigo». Permitir que la pena sea sentida, observada y expresada en profundidad ayuda a la emoción a fluir y no quedar estancada o bloqueada.

La persona que la siente también puede usar la jarra y el ritual del agua cuando note que la propia pena la abrume. Es una bonita manera de simbolizar la intención de dejar que las emociones se sientan y fluyan. Otra vez, se puede ofrecer esta agua a la tierra y pedirle apoyo.

CÍRCULO DE RUPTURA

Un círculo para honrar el fin de una relación

Cuando notes que tu hermana lo pasa mal, cuando creas que es adecuado
reunirse para apoyarla como hermana del alma.

*   *   *

Terminar una relación no significa solo decir adiós a la pareja, sino también despedirse de sueños, planes y visiones creados juntos.

La muerte de una relación es difícil porque la persona no ha fallecido; suele estar a una llamada telefónica de distancia, lo cual resulta más frustrante... Se llora por la muerte de la relación y no por la de una persona. Es un momento que puede hacer saltar los resortes más dolorosos, hurgar en las heridas más profundas y precisar el resurgimiento de las propias cenizas.

Sobrellevarlo sola es duro, y yo no creo que sea la manera. Cuando sufrimos por el fin de una relación, nada es más poderoso que reunirnos con las hermanas invitándolas a ser testigos del proceso junto a nosotras.

Muchas veces he llorado en la almohada con mis mejores amigas tumbadas en la cama, maldiciendo a mi expareja mientras comía helado y veía películas tristes. Pero, aunque eso me hacía sentir mejor momentáneamente, no sanaba la herida más profunda.

Reunirse, ser contempladas, ser escuchadas... este es el remedio que necesitamos.

QUIÉN

Las Mujeres de mayor apoyo en su vida.

DÓNDE

Un lugar íntimo, privado, seguro y sagrado; mejor en el interior.

REÚNE

- ✦ Cesta para rituales.
- ✦ 1 cuenco resistente al fuego.
- ✦ Tijeras.
- ✦ 1 trozo largo de cordel.

Pide a la interesada que traiga recuerdos, fotografías o regalos compartidos con su ex.

ALTAR

Extiende el mantel ritual y coloca el bol en el centro. Coloca velas, cristales y lo que te apetezca. Deja el resto de cosas en la cesta para rituales y mantenla cerca.

ABRIR EL ESPACIO

Preséntate, explica qué es un Círculo de Mujeres y la intención y el motivo de la reunión. Sahúma las Mujeres en el sentido de las agujas del reloj, y luego sahúma el altar. Invita a cada Mujer a presentarse y explicar por qué es importante para ella estar aquí hoy.

COMUNICAR LA ENERGÍA

Durante este Círculo de ruptura, vamos a honrar no solo la muerte de una relación, sino la muerte de todos los sueños, visiones y planes hechos; la muerte de la vida creada juntos. Este final debe ser marcado para poder librarte de dicha relación y poco a poco empezar a expresar lo que significa para ti.

Si se suprime la pena, se entierra, y no se puede avanzar. Este Círculo servirá como espacio sagrado para escuchar tus sentimientos, emociones, miedos y dolor, y ser testigo de nuestro apoyo en este momento de tu vida, y para crear un espacio donde dejes fluir tu pena.

MEDITACIÓN

Pide al grupo que cierren los ojos y conecten con su cuerpo y cómo se siente, que estén plenamente presentes y conscientes del suelo donde descansan, y de la energía de apoyo de la Madre Tierra, que siempre nos sostiene.

Guía a la Mujer doliente para que se concentre en su cuerpo conectándola con su respiración, inhalando por la nariz y espirando por la boca tres veces. Anímala a expresar los sentimientos que habiten su cuerpo sin juzgarlos, para que afloren en el Círculo. Explícale que el Círculo ofrece un espacio para que se mueva por sus sentimientos, sus pensamientos negativos, el dolor; todo, mientras sigue concentrada en su respiración.

Cuando termine, invítala a identificar en su mente los miedos, resentimientos o historias que la rondan desde el final de la relación. ¿Qué se dice ella misma y le causa dolor y resistencia? Dile que confíe en las respuestas que surjan. Cuando creas que está lista, invítala a ella y al Círculo a volver tranquilamente a notar sus cuerpos sobre el suelo, y regresar al espacio abriendo los ojos.

ABRIRSE Y COMPARTIR

Deja que la afectada comparta lo que haya surgido. ¿Qué intenta enterrar en su interior? ¿Qué miedos, resentimientos o historias viven en su interior? Dale tiempo para que comparta lo que desee, con la tranquilidad de que no será juzgada y de que la única manera de movilizar el dolor es moverse a través de él. Pide a las otras Mujeres que sean meros testigos de sus palabras, sin intentar arreglar nada. Cuando lo consideres oportuno, cierra el círculo presentando la siguiente práctica.

PRÁCTICA DE GRATITUD

Es hora de conectar con la gratitud. Pásale a la Mujer un papel y pídele que sintonice con todo lo que esta relación le ha dado. Recuérdale que esta relación le ha servido, e invítala a pensar en los buenos recuerdos, en lo que ha aprendido, en cómo ha crecido con ella.

Puede comentar lo que se le ocurre, y cuando se sienta preparada, podrá empezar a escribir una carta de agradecimiento a su pareja.

CARTAS DEL ORÁCULO

Ahora, baraja las cartas y pide a la Mujer que intuitivamente seleccione una que vaya a apoyarla en su viaje ofreciendo algún conocimiento o mensaje. Invítala a compartir la carta y el mensaje con el Círculo, y pide a las demás Mujeres que intuyan también el mensaje de esta.

RITUAL

Con el elemento del fuego, ahora libraremos lo que ya no sirve a las llamas. El fuego es alquimia, toma la oscuridad y la convierte en luz. Las cenizas simbolizan cómo salimos del fuego y nuestra metamorfosis.

Invítala a entrar en el altar con su carta de agradecimiento, su cordel negro y los recuerdos o fotos que haya traído (solo si se pueden quemar).

Primero, la Mujer puede tomar la carta de gratitud y, en homenaje a todo lo que ha tenido lugar, dejarla en el fuego.

Luego puede sujetar el cordel y dejar que empiece a quemar por el medio, como símbolo de que corta energéticamente el vínculo. Finalmente, invítala a dejar atrás y quemar los recuerdos, fotos u otros objetos que haya traído y esté dispuesta a soltar.

CERRAR EL CÍRCULO

Indica a las Mujeres que cierren los ojos, para reconectar con la sabiduría que el Círculo les ha otorgado. Aunque este Círculo se ha celebrado en honor de [nombre], traía mensajes importantes para todas. Dediquemos un momento a rendirnos homenaje por haber regresado al Círculo, a dar las gracias a todas y cada una de las Mujeres por juntarse y a bendecir a la Mujer para la que nos hemos reunido.

DESPUÉS DEL CÍRCULO

Ofrece a la Mujer la opción de recoger las cenizas del bol y, cuando ella decida, buscar un espacio sagrado en el exterior y distribuidas por la tierra. Porque la Madre Tierra nos sostiene, siempre.

CÍRCULO DE PÉRDIDA DE UN BEBÉ

*Un Círculo para ofrecer espacio a la pérdida de un bebé
(ya sea por aborto espontáneo, aborto voluntario o mortinato)*

Cuando la mamá esté preparada para ser acompañada y escuchada.
El momento difiere para cada Mujer; sugiere la idea e invítala
a informarte cuando ella lo decida.

*　　　*　　　*

Se estima que un 10-25 por ciento de todos los embarazos terminan en aborto espontáneo, y que una de cada tres personas que experimentan un embarazo deciden ponerle fin en algún momento de sus vidas.

No obstante, el tema sigue siendo tabú, y el número de Mujeres que deben recorrer este camino solas y en silencio es desolador. Por eso, te ofrezco este espacio para ti o para cualquier Mujer de tu vida que haya sido lo bastante abierta para compartir su pérdida contigo.

Normalicemos lo que tristemente es un suceso increíblemente común.

Sanemos la culpa que subyace durante años, sin condicionantes, para poder verdaderamente ayudarnos cuando más lo necesitamos.

QUIÉN

Las Mujeres de mayor apoyo en su vida; con las que se siente increíblemente segura.

DÓNDE

En un lugar íntimo, seguro y sagrado; preferiblemente en el interior. Un lugar sin interrupciones.

REÚNE

+ Cesta para rituales.
+ 1 paquete de papel soluble.
+ 1 cuenco con agua.
+ 1 vela por Mujer.

ALTAR

Extiende el mantel ritual. En el medio, coloca velas, cristales y lo que te apetezca. Deja el resto de cosas en la cesta para rituales y póntela cerca.

ABRIR EL ESPACIO

Preséntate, explica qué es un Círculo de Mujeres y la intención y el motivo de la reunión. Sahúma las Mujeres en el sentido de las agujas del reloj, y luego sahúma el altar. Invita a cada Mujer a presentarse y explicar por qué es importante para ella estar aquí hoy.

COMUNICAR LA ENERGÍA

El Círculo de pérdida de un bebé es un espacio sagrado para reunirnos alrededor de una mamá que llora la muerte de su bebé. Es un momento para ofrecerle espacio, ser testigos, acogerla en un ambiente seguro para dejar fluir sus emociones.

Este Círculo no tiene otra intención que la de ser un espacio de amor para ella.

MEDITACIÓN

Invita al Círculo a cerrar los ojos, respirar hondo tres veces, inspirando por la nariz y espirando por la boca.

Siente que llegas a este espacio sagrado, un espacio para honrar a [nombre] en su camino de sanación.

Dedica un momento a estar presente ante tus sentimientos, sensaciones y emociones de tu interior. Conecta con ellos para darles su espacio, sin intentar arreglarlos ni cambiarlos, simplemente observar lo que se mueve dentro de ti ahora mismo.

Esta misma presencia y conciencia de nuestro interior es la que traeremos también al Círculo. Confía en que todo lo que surja lo hace por algo, y se revelará en ese espacio sagrado, seguro y sanador que hemos creado hoy aquí.

Cuando te sientas lista, tranquilamente regresa al espacio y abre los ojos.

ABRIRSE Y COMPARTIR

Abre el espacio invitando a cada Mujer a recorrer el Círculo y compartir la fuerza de la afectada. Expresa lo que sientas que pueda aportarle esperanza.

Luego invita a la mamá a compartir; pídele que exprese en este lugar seguro lo que sienta en este momento, los pensamientos que alberga, sus miedos, las emociones que afloren… lo que sea. Este es su espacio para compartir lo que necesite.

Lo mejor que puedes hacer es servirle de testigo con cariño. Evita intervenir para corregirla; en lugar de ello, crea un espacio seguro, permitiendo que saque todo lo que necesite sacar.

CARTAS DEL ORÁCULO

Invita a la mamá a cerrar los ojos y barajar las cartas mientras expresa una plegaria al universo, pide apoyo, sabiduría y un mensaje que la guíe en este camino.

Una vez seleccionada la carta, pídele que medite un poco y sintonice con lo que sienta que la carta le comunica energéticamente.

Invítala a compartir la carta con el Círculo, y a la vez el Círculo puede ofrecer su visión sobre lo que creen que la carta dice.

RITUAL

Los rituales crean un marco donde expresar las emociones y procesar las experiencias confiriéndoles significado.

Indica a la mamá que escriba una carta a su bebé, compartiendo lo que necesite contarle. Invítala a expresar sus emociones, lo que haya sentido en el Círculo o lo que quiera que sepa el bebé.

Puede leer la carta en voz alta si lo desea o puede sostenerla en las manos. Cuando esté lista, puede acercarse al altar para dejar suavemente la carta en el agua, y observar cómo se disuelve y desaparece.

De regreso al Círculo, invita a cada Mujer a encender una vela ante sí, en honor al bebé.

Cuando las Mujeres hayan encendido las velas, pide a la mamá que encienda la suya, en honor, respeto y reconocimiento de las cosas que han sido, las que son y las que serán.

CERRAR EL CÍRCULO

Indica a las Mujeres que cierren los ojos, para reconectar con la sabiduría que el Círculo les ha otorgado. Aunque este Círculo se ha celebrado en honor de [nombre], traía mensajes importantes para todas. Dediquemos un momento a rendirnos homenaje por haber regresado al Círculo, a dar las gracias a todas las Mujeres por reunirse y a bendecir a la Mujer para la que nos hemos reunido.

DESPUÉS DEL CÍRCULO

El duelo es un viaje complejo; se está bien un día y al siguiente ya no. Una cree que ya ha pasado, pero se da cuenta de que no. La vida es un ciclo. Antes de dejar el espacio, el grupo puede prometer que ofrecerá espacio a la Mujer mientras dure su viaje.

Crear un grupo con todas las presentes para enviarse mensajes podría ser una manera de recordarle que no está sola. Invítala a elegir un emoticono o una palabra que pueda enviar al grupo cuando necesite apoyo. Cread el grupo antes de cerrar el espacio.

MANIFESTACIÓN

PIDE UN DESEO A UNA ESTRELLA, ME DECÍAN, Y ELLA LO HARÁ REALIDAD.

De pequeñas, nos decían que, si los deseábamos mucho, los sueños se hacían realidad, pero nadie nos dijo que el poder estaba en nuestras manos. Nadie nos enseñó a pedir deseos a las estrellas con intención, a visualizar con significado, a confiar en que todo lo que es para nosotras nos llegará, y lo que no lo es, no encajará.

La manifestación es el arte de atraer lo que se desea creyendo que llegará. Requiere un proceso:

☾ Un sueño que procede del corazón.
☾ La habilidad de visualizarlo, sentirlo dentro y experimentarlo como si ya estuviera en camino.
☾ La voluntad de dejar atrás la expectativa de cómo y cuándo aparecerá en tu vida.

Antes temía tanto hablar de lo que deseaba por miedo a que no se cumpliera que mantenía mis sueños en secreto.

Pero las palabras son hechizos, y decir lo que se quiere tiene el poder de hacer que se consiga. La manifestación no solo requiere que se envíe un deseo, sino creer que se cumplirá. Precisa una confianza y fe profundas en el universo.

Compartir los sueños en el espacio sagrado del Círculo de Mujeres es la manera ideal de reconectar con ellos, activarlos y honrarlos. Además, no hay nada comparable a soñar cómo será tu pareja ideal con las amigas y luego verle aparecer como por arte de magia... Sí, ¡eso me pasó a mí!

Este capítulo explora las maneras de trabajar la manifestación en los Círculos, y demuestra que compartir nuestros sueños en un espacio seguro y sagrado crea el trampolín perfecto para que se realicen.

Pide un deseo a una estrella, pero que sepas que la estrella eres tú. Vamos a viajar.

CÍRCULO DE PLEGARIA

*Un Círculo para enviar una plegaria a alguien,
algo o al mundo.*

Los días previos a una luna llena

*   *   *

Cuando las Mujeres se reúnen para atraer la misma intención, la energía se multiplica y amplía el deseo.

Piensa en esto: cuando vas a un lugar de culto y todo el mundo canta la misma canción, la energía de la sala se expande, y se cree que el mensaje llega más rápidamente a los cielos.

En el pasado, las Mujeres se reunían así, para enviar su energía para una causa específica en apoyo a sí mismas, su grupo o toda la comunidad.

Este Círculo se centra en una razón concreta. Tal vez alguien no se encuentre bien y deseas enviar una plegaria de curación. Tal vez quieras apoyar a tu amiga para que se manifieste algo que desea, o quizás sientas ganas de reunirte para enviar un deseo para el mundo.

Por el motivo que sea, este Círculo tiene el objetivo de crear un espacio sagrado para dirigir el poder de las Mujeres hacia la manifestación de una cosa concreta.

REÚNE

+ Cesta para rituales.
+ 1 cuenco con agua filtrada/sagrada.
+ 1 manojo de romero.
+ 1 taza para ti.

ALTAR

Extiende el mantel ritual y coloca el bol de agua en el centro.
Forma un círculo de velitas alrededor.

ABRIR EL ESPACIO

Preséntate, explica qué es un Círculo de Mujeres y la intención y el motivo de la reunión. Sahúma las Mujeres en el sentido de las agujas del reloj, y luego sahúma el altar. Invita a cada Mujer a presentarse, dar a conocer su signo zodiacal y explicar por qué se ha sentido llamada a la reunión.

MEDITACIÓN

Cierra los ojos y relájate. Respira hondo tres veces, inspirando por la nariz y espirando por la boca, y luego respira al ritmo que te resulte natural.

Toma conciencia de tu respiración, sintiéndote presente, reparando en su flujo.

Reconecta con el motivo para la celebración de este Círculo, con la intención de todas las participantes, el hilo que nos une en este espacio.

Concéntrate, visualízalo, cree en su realización, porque con nuestra energía colectiva podemos mover montañas.

Comprométete a mantenerte presente durante todo el Círculo para utilizar nuestras energías unidas para hacer el deseo realidad. Cuando estés lista, tranquilamente abre los ojos y regresa al Círculo.

ABRIRSE Y COMPARTIR

Abre el círculo de participación con unas cuantas preguntas, e invita a las Mujeres a conectar a un nivel profundo en cuanto al motivo de la reunión. Crea el espacio para expresar lo que va a suceder o simplemente para compartir.

+ ¿Por qué nos hemos reunido hoy?
+ ¿Cuál es la intención del Círculo?
+ ¿Qué visión o sueño deseamos cultivar?

Si se trata de una manifestación para una Mujer del Círculo, invítala a explicar lo que quiere atraer. Si es una intención colectiva para el mundo, o una crisis, entonces otorga a cada Mujer espacio para compartir qué desea manifestar.

Después de este turno de palabras, resume la intención en una frase. Por ejemplo: «Deseo atraer curación para [nombre]»; «Manifestamos una resolución inmediata para...». Debes expresar algo concreto pero simple, de modo que el mensaje sea claro.

Para manifestarlo, cada Mujer debe sentir la energía en todo su ser. Esto es una plegaria, un pensamiento que transmutamos para que se convierta en algo. Es una práctica que consiste en dejar el ego a un lado por el bien de todos, participando de la esencia de la unidad.

CARTAS DEL ORÁCULO

Invita a cada Mujer a sacar una carta con la intención de recibir información sobre la energía necesaria para ayudar a que este deseo se manifieste.

+ ¿Qué puedo hacer para apoyar la manifestación de este deseo?
+ ¿Qué creencias debería dejar atrás para facilitarlo?

Comparte las cartas con el Círculo y los mensajes recibidos.

RITUAL

Reconectando con la intención, invita a cada Mujer, una a una, a acercarse al bol de agua. Expresa la intención en el bol mientras echas una ramita de romero al agua. El romero conserva la energía de la memoria, y es capaz de llevar nuestros deseos.

Cuando todas hayan regresado al Círculo, cogeos de las manos, cerrad los ojos y que cada una imagine la visión.

Una a una, expresad vuestra visión, enviándola al bol de agua y al universo.

Hecho esto, repetid juntas la manifestación tres veces, y luego pasaros el bol de agua, invitando a cada Mujer a beber un sorbo para sellar esta energía en las células de vuestro ser con la creencia y convencimiento de que se cumplirá.

Inspira hondo y espira.
Inspira hondo y espira.
Inspira hondo y espira.

Y eso es todo.

CERRAR EL CÍRCULO

Indica a las Mujeres que cierren los ojos, para reconectar con la sabiduría que el Círculo les ha otorgado. Dediquemos un momento a rendirnos homenaje por comprometernos con esta intención, a dar las gracias a todas las Mujeres por reunirse en Círculo y a la energía del universo por realizarla.

RITOS DE PASO

DONCELLA • MAMÁ • DECANA

LOS RITOS DE PASO son una serie de iniciaciones que las Mujeres vamos encontrando en nuestro camino, y cada una nos conduce más profundamente hacia nuestro interior, nuestro poder y nuestra conexión con lo femenino. Los ritos de paso se encuentran en casi todas las culturas antiguas, aunque se han perdido y olvidado en la cultura occidental moderna. Por tanto, esto es una llamada para que nuestras hijas, hermanas, madres y abuelas vuelvan a ellos.

¿Estás preparada para el regreso?

DONCELLA

TODAS LAS FLORES DE TODOS LOS MAÑANAS ESTÁN EN LAS SEMILLAS DEL HOY.

Comparable con la energía de la primavera o la luna creciente, la doncella representa la curiosidad, vitalidad, ilusión, inocencia y magia. Un momento de ligereza, de transición, de juego.

El camino por delante de la doncella está lleno de potencial. Nada es seguro, todo es posible.

Es un bello momento para ofrecer a las doncellas de tu vida sabiduría y orientación.

Empezaremos subrayando cómo las mamás, o guardianas de la siguiente generación de Mujeres, podemos presentarles la magia del Círculo.

No se me ocurre nada más importante que pasar las herramientas a las Mujeres del futuro, porque así habría sido siempre.

He aquí algunas maneras de empezar a introducir la magia del Círculo en la vida de nuestras pequeñas doncellas.

CÍRCULO DE PEQUEÑA DONCELLA

Fiestas de cumpleaños intencionales

En su cumpleaños

*   *   *

Los cumpleaños son la celebración perfecta para incorporar el arte del Círculo a la vida de una niña. Todas comprendemos la importancia de celebrar el cumpleaños; pero ¿podemos añadir más magia a este día, más simbología, más significado?

Nuestra cultura carece del arte de vivir en comunidad. Hoy en día, los niños pierden la ocasión de ser escuchados. Este Círculo crea un espacio para que la familia cercana y los amigos íntimos reconozcan el crecimiento, el cambio y la transformación de la criatura cada año.

Dejando testimonio de ello, de su singularidad, sus dones, su luz; y este es el verdadero valor de criarse en el seno de un pueblo.

Los Círculos de Mujercitas crean un espacio mágico para celebrar, reconocer y honrar la vuelta anual de la niña alrededor del sol.

Estas son algunas ideas para organizar uno para tu pequeña.

QUIÉN

Sus familiares y amigas más íntimas.

DÓNDE

En casa de la homenajeada o un lugar que le sea familiar.

REÚNE

Las fiestas de cumpleaños suelen inspirarse en un tema, y las decoraciones responden a los gustos de la niña. Te invito a hallar un significado más profundo en sus gustos, y aprovecharlos más simbólicamente.

Déjala participar en la elección y creación del espacio si le apetece, explicándole lo que representa cada símbolo.

Por ejemplo, si le gustan las hadas, tal vez podrías idear un Círculo de hadas y explicar bellas historias sobre las hadas y la energía que poseen. O si le gusta el deporte, tal vez podrías compartir con ella la fuerza y el poder de la colaboración.

Pregúntale qué actividad querría hacer o, si es muy pequeña, elige algo que sepas que le gusta: pintar, dibujar, hacer collage, deporte, una actividad artística, tejer, confeccionar joyas, jugar con barro.

Reúne lo necesario para la actividad elegida.

Recuerda que todo tiene un significado: deja que la niña te guíe y luego crea la sacralidad con eso.

Invita a las Mujeres a traer un regalo de cumpleaños intencional.

ALTAR

Extiende el mantel ritual y forma un círculo floral en el medio (pide a tu hija que te ayude a prepararlo). Incluye símbolos y adornos con los que ella conecte. Llena tu cesta para rituales con sus manualidades preferidas y déjala cerca.

ABRIR EL ESPACIO

Preséntate, explica qué es un Círculo de Mujeres y la intención y el motivo de la reunión. Haz que se note que es un espacio sagrado, pero adecuado a la edad; usa el sahumerio si lo ves apropiado. Invita a cada Mujer a presentarse y explicar de qué conoce a la homenajeada.

COMUNICAR LA ENERGÍA

Esta puede ser una bonita ocasión para que la mamá hable de la niña, quizás para comentar por qué decidió celebrar este Círculo y lo significativo y especial que es este espacio.

MEDITACIÓN

Invita al Círculo a cogerse de las manos, con los ojos abiertos o cerrados, y a concentrarse en la protagonista del cumpleaños.

Sintoniza con la energía de la niña, con todo lo que ha aportado a tu vida este año, los tropiezos y los logros físicos, emocionales, mentales y espirituales. Recuerda y céntrate en las experiencias compartidas con ella. Permítete recibir los regalos, las lecciones y enseñanzas que te ha ofrecido este año; confía en lo que se te ocurra. Antes de abrir los ojos, dedica unos momentos a enviarle gratitud desde el corazón, y las bendiciones que desees para ella ahora que se prepara para esta nueva vuelta alrededor del sol.

ABRIRSE Y COMPARTIR

Por turnos, pide a las participantes que comenten:

✦ Un cambio que hayan observado este año en la niña.
✦ Una cosa que les encante de ella.
✦ Algo de ella por lo que se sientan agradecidas.
✦ Un recuerdo de este año con la niña.

PRÁCTICA DE CUMPLEAÑOS

Juntas, cread algo para la niña, como un dibujo, un collage, una pieza artística, algo tejido, una joya o un objeto de barro. Aprovechad esta práctica para expresar la energía de la niña este año, y para sellar las bendiciones y deseos para ella, usando las manos y la intención.

Colocad la creación en una cesta de cumpleaños como símbolo de la edad de la niña.

Cada año, podéis revisar lo creado el año anterior, y ver cómo ha cambiado, evolucionado y crecido la protagonista.

RITUAL

Invita al Círculo a conectar con un deseo para el próximo año de la niña.

Una a una, cada invitada puede acercarse a la homenajeada, entregarle su regalo y expresar sus deseos para el año que empieza.

Una vez recibidos todos los regalos, pide a la niña que dedique unos momentos a pensar de qué se siente agradecida, y los deseos para el año que viene.

Luego saca el pastel de cumpleaños y, antes de soplar las velas, invítala a expresar sus deseos y gratitud al Círculo. Recuerda que, contrariamente a lo que se cree, los sueños no dejan de cumplirse por decirlos en voz alta; al contrario, vuelan cuando se comparten en un círculo sagrado.

CERRAR EL CÍRCULO

Termina el Círculo con una fiesta para disfrutar de la celebración que supone haber cumplido otra vuelta alrededor del sol.

CÍRCULO DE PRIMERA LUNA

Una ceremonia para señalar su feminidad

Inicio de la menstruación de la joven

*   *   *

En las culturas antiguas, cuando una niña se hacía Mujer, eso señalaba el primer rito de paso de su viaje hacia la feminidad. Al llegar a Mujer, las semillas de la vida se hacen presentes.

Tristemente, en nuestra cultura, no solo hemos perdido la costumbre de celebrar este hito, sino que hemos sido condicionadas para avergonzarnos y esconderlo. Debemos inculcar a nuestras hijas la sacralidad de la menstruación, para empoderarlas en su conexión con ella. Pues es entonces cuando hallamos nuestro verdadero poder.

Esto es una llamada para reclamar nuestros ciclos femeninos, celebrando un círculo de primera luna menstrual.

Enseñar a celebrar y aceptar sus ciclos, además de enseñar a las jóvenes a comprenderlos y equiparlas con herramientas para apoyar su despliegue, es importantísimo.

Como lo es crear espacios sagrados para la introspección, empoderarlas para que aprovechen su momento lunar para recogerse, alejarse del mundo, hacer una pausa, sentirse en casa, en calma.

Este círculo es una invitación para presentar maneras constructivas de honrar el sangrado, con el fin de prepararlas para toda una vida de feminidad con sus altibajos.

Creo firmemente que si la tratas como una diosa, se sentirá como tal.

QUIÉN

Sus familiares y amigas más íntimas.

REÚNE

+ 1 ramo de rosas rojas.
+ 1 cesta menstrual.*
+ 1 piedra luna.
+ 1 mezcla herbal (sales, pétalos, hierbas).
+ 1 caldero o bol de cristal.
+ 1 pedazo de tela roja.

*Una cesta menstrual es una colección de objetos queridos para usar cada mes durante la menstruación. Por ejemplo, en la mía, guardo cosas a lo largo del mes, como mi chocolatina preferida, un par de braguitas cómodas y una bolsa de agua caliente. A veces me escribo una nota a mí misma durante el mes o me dejo un libro de poesía.

Luego, cuando tengo el período, la cesta es como un regalo que me hago yo misma, llena de caprichos reservados para estos días sagrados.

Invita a las Mujeres a traer algo para añadir a la cesta, como:

+ 1 mantita suave.
+ 1 cristal.
+ 1 bolsa de agua caliente.
+ Chocolate.
+ Algo agradable para hacer durante el período, como un álbum para colorear.
+ 1 vela.
+ Ropa interior, un pijama cómodo.
+ 1 poema o carta.

ALTAR

Es buena idea para esta reunión crear un espacio íntimo. Extiende tu mantel ritual, luego forma un círculo floral con rosas rojas y rellena los espacios vacíos con velitas. Coloca la tela roja en el sitio de la joven y crea una iluminación tenue. Enciende una varilla de incienso.

ABRIR EL ESPACIO

Preséntate, explica qué es un Círculo de Mujeres y la intención y el motivo de la reunión. Haz que se note que es un espacio sagrado, pero adecuado a la edad; usa el sahumerio si lo ves apropiado. Invita a cada Mujer a presentarse y explicar de qué conoce a la homenajeada.

COMUNICAR LA ENERGÍA

Explica el concepto de momento lunar. El momento lunar es una manera más sagrada de hablar de la menstruación y los días de sangrado. Es un regalo de la naturaleza; un momento del mes en que se nos da permiso para alejarnos de la vida cotidiana, cuidarnos, mimarnos y limpiarnos. Es un momento para la pausa y el retiro. Un momento que puede ser fuente de gran poder para las Mujeres, cuando estamos más conectadas con el mundo natural.

Al honrar este momento, creamos el espacio para renovarnos y regresar al día a día llenas de vitalidad y energía. Es un momento importante. Bienvenida a tu momento lunar. Este es el comienzo de tu viaje hacia el reino mágico de la feminidad.

Comparte la cesta menstrual con la joven, los regalos que el Círculo ha traído para ella y la práctica de mimarse con sus propios caprichos cada mes para apoyar su momento lunar.

MEDITACIÓN

Respira hondo tres veces, inspirando por la nariz y espirando por la boca. Pide a todas las Mujeres que sientan su arraigo en este espacio, lleguen a él, conecten con las intenciones y el motivo de su presencia aquí; para honrar el primer momento lunar de [nombre].

Con tres respiraciones profundas, inhalando por la nariz y exhalando por la boca, fija la intención de regresar al espacio, al presente, con plena conciencia.

ABRIRSE Y COMPARTIR

Crea el espacio para que la joven exponga sus miedos, preocupaciones o aprensión acerca del período. Deja que exprese cuestiones prácticas o emocionales.

Luego, invita al Círculo a abrirse con la participación de cada asistente explicando lo que les encanta de ser Mujer, empoderando a la joven para que este rito de paso la llene de positividad y gracia.

CARTAS DEL ORÁCULO

Pide a cada Mujer que saque una carta para la joven, con la intención de recibir un poderoso mensaje para apoyarla en su viaje hacia la feminidad. Cuando cada una haya seleccionado una carta, invítalas a compartir el mensaje que han recibido para ella.

RITUAL

Una a una, invita a cada Mujer a entrar en el Círculo y coger un puñadito de sales y hierbas. Pide que las esparzan en el bol mientras susurran un deseo para la joven.

Anima a la joven a contemplar cómo estas poderosas Mujeres de su vida le preparan esta poción.

Cuando todas hayan plasmado su deseo en las sales y regresado al Círculo, pide que la festejen echándole rosas, celebrando, adornando y dándole la bienvenida a su feminidad.

Se puede traer algo bueno y nutritivo para comer, y luego sentarse en el Círculo y celebrarlo compartiéndolo.

CERRAR EL CÍRCULO

Indica a las Mujeres que cierren los ojos, para reconectar con la sabiduría que el Círculo les ha otorgado. Dedica un momento a honrar a [nombre] y el inicio de su viaje hacia la feminidad, agradecer a las Mujeres su asistencia y la creación del espacio sagrado, y a la Madre Luna por bendecir a la joven.

DESPUÉS DEL CÍRCULO

Cuando todas se marchen, la Mamá puede prepararle un baño sagrado ritual a la joven; con velas adornando el baño, y con las sales y hierbas creadas en el Círculo.

CÍRCULO DE MAYORÍA DE EDAD

Un Círculo para celebrar la mayoría de edad
de una Mujer

Al cumplir los 16, 18, 21 o el cumpleaños que signifique
la mayoría de edad en tu cultura

*   *   *

En la cultura occidental, la mayoría de edad suele indicar que la persona ya puede consumir alcohol legalmente, como si eso fuera el factor que define a un adulto. Pienso en mi mayoría de edad, mi fiesta de cumpleaños a los dieciocho, cuando me sentí mayor para ir a la discoteca con las amigas, y el consecuente desenlace con la cabeza metida en el inodoro. Pobre doncella. Por supuesto, estas experiencias nos enseñan, nos forman, y nos hacen reír pasados diez años.

Pero algo dentro de mí se cuestiona la iniciación a la edad adulta de nuestra cultura. Diría que puede hacerse mejor.

El Círculo de mayoría de edad da la bienvenida a un período floreciente de la vida de la joven, con la intención no solo de celebrar y homenajearla, sino también de equiparla con las herramientas necesarias para el viaje.

Como Mujer joven, es esencial disponer de espacio para ser presentada, comprendida y escuchada. Yo lo anhelaba. Creo que, si creamos estos espacios conscientemente para las Mujeres al inicio de sus viajes, ellas incorporarán estas prácticas en todas las facetas de sus vidas. Hay que empezar pronto. Así es como se educa una generación de Mujeres empoderadas y mágicas.

QUIÉN

Familiares y amigas más íntimas.

REÚNE

+ Tu cesta para rituales.
+ 1 cáliz.
+ Algo para añadir a su cesta para rituales.
+ 1 vaso de vino para cada Mujer.
+ 1 botella de champán/vino/bebida sin alcohol.
+ 1 ramo de flores de temporada.

Pide a todas las Mujeres que traigan un objeto para la cesta.
Por ejemplo:

+ 1 sahumador.
+ 1 pluma sagrada.
+ 1 concha.
+ 1 abalorio o joya simbólica.
+ 1 baraja del oráculo o del tarot.
+ 1 diario.

ABRIR EL ESPACIO

Preséntate, explica qué es un Círculo de Mujeres y la intención y el motivo de la reunión. Sahúma las Mujeres en el sentido de las agujas del reloj, y luego sahúma el altar. Invita a cada Mujer a presentarse, dar a conocer su signo zodiacal, contar de qué conocen a la homenajeada y por qué es importante esta reunión.

COMUNICAR LA ENERGÍA

Al ser una Mujer mayor de edad, se empieza el viaje más profundo hacia la feminidad. En los años de doncella, has gozado de espacio para explorar, curiosear, jugar, encontrarte... Ahora seguimos aquí, junto a ti, y caminaremos a tu lado estos años. Hoy te presentaremos el verdadero arte del Círculo de Mujeres, un espacio seguro y sagrado al que acudir cuando lo necesites.

Regaladle la cesta para rituales y cada Mujer puede comentar qué ha incluido y por qué...

MEDITACIÓN

Invita a la joven a sintonizar con lo que tenga en la cabeza, conectando con la respiración y observando lo que le provoque incomodidad, preocupación o ansiedad, por grande o pequeño que sea.

Invita a las otras Mujeres del Círculo a empezar a sintonizar con su respiración y reflexionar sobre su propio viaje hacia la feminidad. ¿Qué lecciones han aprendido? ¿Qué herramientas les han servido y apoyado?

Finaliza la meditación cuando creas, y pídeles que escriban lo que se les haya ocurrido.

ABRIRSE Y COMPARTIR

Invita a la joven a compartir los miedos que le produzca el Círculo. Déjala hablar sin necesidad de intentar corregirla.

Crea un espacio seguro para ella donde se sienta observada con cariño.

Cuando acabe, puedes pedir a cada Mujer que comparta algo de su viaje hacia la feminidad, cómo gestiona sus preocupaciones, ansiedad, etc. Puede hablar de:

+ Un consejo para el viaje que comienza.
+ Una lección aprendida en el camino.
+ Una herramienta útil para el recorrido vital.

El Círculo pretende empoderar a la joven para que sepa que todo lo que precisa lo lleva dentro, por tanto, compartid sabiduría y herramientas que la ayuden a acceder a su propio poder.

CARTAS DEL ORÁCULO

Pide a la joven que saque una carta de su nueva baraja. Enséñale a leerla, invítala a hallar por sí sola el significado y el mensaje de la carta, y luego recorre el Círculo invitando a cada Mujer a interpretar lo que sienten que significa la carta, o pídeles que cada una saque otra para la joven y se la lea.

RITUAL

Conectad con un deseo para la joven, sabiduría o mensaje que cada una quiera pasarle.

Servid vino/champán/bebida sin alcohol en los vasos y en el cáliz. Pasaros el cáliz y, al sostenerlo, susurrad vuestro deseo o mensaje.

Cuando haya circulado, presentadlo a la joven. Invitadla a susurrarse un deseo para ella, antes de elevar todos los vasos, brindar y beber a la salud de su viaje a la feminidad; con las intenciones de todas.

DESPUÉS DEL CÍRCULO

Disfrutad de una comida para honrar a la Mujer y los regalos recibidos en el Círculo, y la cesta llena de herramientas para su viaje.

MAMÁ

EN ALGÚN MOMENTO DE LA VIDA, TODA MUJER ES LLAMADA A CRUZAR EL UMBRAL DE DONCELLA A MADRE.

Cuando uso estas palabras, hablo de la madre real y arquetípica. Porque la energía de la Madre es la de alguien llamada a dedicarse a algo mayor que ella misma. Ella es el vehículo, el recipiente, la cuidadora de la vida misma.

Es aquí, en el punto de transformación de Doncella a Madre, donde surge una de las iniciaciones femeninas más profundas: la búsqueda y el viaje hacia el interior de una misma, para conocer aspectos que ni siquiera sabías que existían, con el fin de renacer.

Por eso aquí rendimos homenaje a las antiguas tradiciones y rituales que conocían la importancia de honrar, celebrar y testimoniar a la Mujer a las puertas de la maternidad.

Se dice que se necesita una tribu para educar a una criatura, de modo que veamos cómo podemos crear esta tribu para las Mujeres de nuestras vidas.

HOMENAJE A LA NOVIA

Alternativa a la despedida de soltera

Al acercarse la fecha de la boda

*   *   *

Incluyo esta celebración en el apartado de las Mamás porque creo que la energía de las Madres consiste en dedicar la vida a algo o a otra persona. Este viaje empieza a emerger cuando nos comprometemos conscientemente a casarnos con alguien.

El ritual del matrimonio ha resistido el paso del tiempo. Esta celebración universal se honra, se testimonia y se reconoce en numerosas culturas. No obstante, en el mundo occidental, nos hemos quedado con lo superfluo y olvidado la sagrada iniciación que nos llama.

Recuerdo que, al planificar mi boda, tendía a dirigir mi ansiedad hacia la distribución de las mesas y el vestido de novia. Pero al fijarme, me daba cuenta de que todo eso era una distracción de la energía que brotaba en mi interior, que me llamaba a reconocer la enorme transformación que estaba ocurriendo mientras me preparaba para unirme a mi pareja.

Me di cuenta de que necesitaba más ayuda, o sea que reuní a mis hermanas y les pedí que formaran una tribu a mi alrededor. No quería acompañantes para elegir vestidos de ceremonia, anhelaba profundamente la compañía de mis hermanas.

De manera que, en lugar de una despedida de soltera, celebré una reunión de homenaje a la novia. La víspera de mi boda, nos reunimos en Círculo y me ofrecieron espacio para reconectar conmigo, observar mis miedos, honrar el viaje en el que me embarcaba y celebrar mi próximo paso.

Nada me había llenado más, y por eso comparto aquí esta alternativa a la fiesta de despedida de soltera. Un espacio sagrado para reunir la tribu de la novia, honrarla y celebrarla antes de dar el sí.

QUIÉN

La tribu de la novia y las Mujeres importantes en su vida.

REÚNE

+ Cesta para rituales.
+ 3 cirios.
+ Flores blancas para un círculo floral (velo de novia, hortensia, margarita).
+ 1 etiqueta de papel para cada Mujer.
+ 1 cinta larga.
+ 1 cuenco resistente al fuego.

Pide a cada Mujer que traiga una flor que le recuerde a la futura novia.

ALTAR

Extiende el mantel ritual y coloca los tres velones en el centro. Forma un bonito círculo floral blanco alrededor. Deja cerca el cuenco y la cesta para rituales.

ABRIR EL ESPACIO

Preséntate, explica qué es un Círculo de Mujeres y la intención y el motivo de la reunión. Sahúma las Mujeres en el sentido de las agujas del reloj, y luego sahúma el altar. Invita a cada Mujer a presentarse, dar a conocer su signo zodiacal y contar de qué conocen a la novia.

COMUNICAR LA ENERGÍA

Este Círculo es un espacio sagrado creado para homenajear, apoyar y celebrar a la novia antes del paso al matrimonio. Nos reunimos a su alrededor para darle espacio mientras se prepara para el siguiente paso de su viaje, y para recordarle que nunca está sola.

MEDITACIÓN

Pide a las Mujeres que cierren los ojos, conecten con su respiración y mantengan plena presencia, energía y atención en este espacio. El mejor regalo para la novia en este instante es tu plena atención.

Aprovecha este momento para sentir arraigo, volver a tu ser, soltar lo que arrastres del día.

Empieza a visualizar a la novia.

Piensa en ella mientras recuerdas el momento en que la conociste.

Recréate con esta imagen y luego repasa los momentos en que ella te ha apoyado, te ha hecho reír, cundo te ha echado una mano, animado, inspirado, celebrado.

Deja que los recuerdos llenen tu ser con tu amor por ella, mientras fijamos la intención de ofrecerle un espacio hoy, a punto de embarcarse en un nuevo capítulo de su vida.

ABRIRSE Y COMPARTIR

Este es un momento para devolver a la novia el reflejo de su propia luz. Es raro en nuestra cultura gozar de la oportunidad de escuchar de qué manera hemos moldeado y cambiado la vida de alguien. Ahora, como tribu de la novia, podéis iluminarla y mostrarle lo especial que es en vuestra vida.

Es un momento emocionante (tened pañuelos cerca). Una a una, entrad en el Círculo. Compartid la flor que habéis elegido y decid por qué os recuerda a la novia. Contad algún recuerdo de los que habéis recuperado en la meditación. Expresad cualquier otra cosa que os encante de la novia.

Cuando todas lo hayáis hecho, invita a la novia a conectar con lo que desee compartir, los miedos que le produzca la boda o el matrimonio, y lo que desee dejar atrás antes de dar el sí. Ofrecedle espacio para que exprese lo que le salga.

Invítala a escribir lo que esté lista para dejar atrás y quemar el papel en la vela situada en el centro del altar.

Este es un instante sagrado para ella, quien se desprende de lo que ya no le sirve, y para vosotras como testimonios de su acción.

CARTAS DEL ORÁCULO

Llega la hora de bendecir a la novia.

Utilizando las cartas, fijemos la intención de recibir una bendición para la novia; una orientación, inspiración o mensaje que la ayude en el camino que se abre ante ella.

Cuando todas hayáis elegido una carta, sintonizad con el mensaje que creéis que trae, y luego compartid la carta y los mensajes con el Círculo y la novia.

RITUAL

Confeccionaremos un ramo de novia para la homenajeada, con las flores que ha traído cada Mujer.

Dale a cada Mujer una etiqueta de papel para escribir su bendición para la novia y el viaje que inicia, tal vez inspirada en la carta del oráculo que le ha tocado.

Luego, cada una tomará la flor que dejó en el altar, atará su etiqueta al tallo y se acercará a la novia, sellando su deseo en la flor al ofrecerla a la homenajeada.

Al terminar de entregar todas las flores, puedes indicar a la novia que las ate con la cinta y eleve el ramo hacia el cielo.

DESPUÉS DEL CÍRCULO

Invita a la novia a secar el ramo en un armario oscuro y añadir alguna de las flores o la cinta a su ramo el día de la boda. Es un gesto mágico y de apoyo que le recordará durante la ceremonia que sus hermanas están con ella.

La reunión puede concluir con un piscolabis dedicado a la novia.

HOMENAJE A LA MAMÁ

Alternativa a la fiesta en honor al bebé

Durante el tercer trimestre de la futura Mamá

*   *   *

Para mí, el Círculo en honor a la Mamá es el espacio más intenso que he compartido. Testimoniar, ofrecer espacio y celebrar la Mujer a punto de ser madre es sagrado e importantísimo.

En este Círculo, podemos apoyar a la futura mamá recordándole su fuerza, poder, divinidad y lo que necesite para prepararse para dar a luz no solo al bebé, sino a ella misma como Madre.

En las antiguas civilizaciones, estos espacios eran comunes. Los indios norteamericanos las denominan *blessingways*, y son fiestas de celebración prenatal similares a las que se han popularizado en la cultura occidental.

Este Círculo, como el de homenaje a la novia, honra antiguas costumbres, ya que revivimos el arte de reunirse para apoyar y celebrar a la mamá mientras se encuentra entre dos mundos y se prepara para la transición.

La intención del Círculo consiste en ofrecerle el espacio para recordar su poder, soltar miedos, ser testimoniada, celebrada y homenajeada para el viaje que emprende y le cambiará la vida para siempre. Se dice que se necesita una tribu para educar a una criatura; este Círculo es para recordar a la Mamá que, si bien solo ella puede dar a luz al bebé, no estará sola en su aventura.

QUIÉN

Familiares y amigas más íntimas.

REÚNE

+ Cesta para rituales.
+ 3 ramos de flores abiertas (rosas, girasoles, dalias).
+ 1 velita por Mujer.
+ 1 bobina de cordel de cáñamo.
+ Tijeras.

Pide a cada Mujer que traiga una cuenta para un collar que guarde significado y simbolismo.

ALTAR

Extiende el mantel ritual. Forma un círculo floral lleno y abundante en el centro, y distribuye las velitas entremedio. Deja el cordel y las tijeras cerca, dentro de la cesta para rituales.

ABRIR EL ESPACIO

Preséntate, explica qué es un Círculo de Mujeres y la intención y el motivo de la reunión. Sahúma las Mujeres en el sentido de las agujas del reloj, y luego sahúma el altar. Invita a cada Mujer a presentarse, dar a conocer su signo zodiacal y contar de qué conocen a la futura mamá.

COMUNICAR LA ENERGÍA

Esta reunión es para celebrar, rendir homenaje y apoyar a la futura mamá mientras se prepara para un viaje trascendental. Al reunirnos a su alrededor, creamos un espacio sagrado para que se sienta reconocida, contemplada y escuchada, y donde le recordamos su poder, fuerza y divinidad. Recuerda que se necesita a una tribu para educar a una criatura; no estás sola.

MEDITACIÓN

Pide a las Mujeres que cierren los ojos, conecten con su respiración y mantengan plena presencia, energía y atención en este espacio. El mejor regalo para la futura mamá en este Círculo es tu plena atención.

Aprovecha este momento para sentir arraigo, volver a tu ser, soltar lo que arrastres del día.

Empieza a visualizar a la futura mamá.

Piensa en ella mientras recuerdas el momento en que la conociste. Recréate con este recuerdo y luego repasa los momentos en que ella te haya apoyado, cuando te ha hecho reír, cuando te ha echado una mano, animado, inspirado, celebrado.

Deja que los recuerdos llenen tu ser con tu amor por ella. Sintoniza con su luz y con lo que te ha aportado, mientras fijamos la intención de recordarle el poder de su interior, la fuerza de la que es capaz y los dones que posee.

ABRIRSE Y COMPARTIR

Ahora vamos a celebrar a la futura mamá.

Una a una, avanzando alrededor del Círculo, compartid la luz que veis en ella, recordándole su poder, dones y fuerza.

Luego, ya llena de luz, podéis invitar a la Mamá a sintonizar con sus miedos, ansiedades o preocupaciones sobre el embarazo, el parto o el camino de la maternidad.

Dejadle espacio y tiempo para anotar sus miedos y, si quiere, animadla a compartirlos con el Círculo. Entonces, cuando se sienta completa, indicadle que entre en el altar y queme el papel donde escribió sus miedos, mientras exhala profundamente por la boca.

CARTAS DEL ORÁCULO

Id pasando la baraja de cartas para que cada Mujer elija una, con la intención de recibir un deseo para el viaje de la Mamá. Confiad en que recibiréis la energía que necesita para sentirse apoyada.

RITUAL

Pide a cada Mujer que conecte con lo que le desea a la futura mamá, sintonizando con la sabiduría, los consejos, el apoyo y la intención que se le desea transmitir.

Toma el cordel de cáñamo del altar y empieza a pasarlo alrededor del Círculo. Pide a cada Mujer que tome la cuenta que ha traído, explique por qué la ha elegido y comente la bendición que desea para la homenajeada mientras ensarta la cuenta en el cordel, hasta que lo hayan hecho todas.

Al llegar a la Mamá, corta y ata el cordel tres veces para sellar el poder y la energía con la cuerda. Las cuentas albergan ahora los deseos, las bendiciones y la energía del Círculo, y las puede lucir o llevar consigo durante el resto del embarazo y en la sala de parto.

Antes de cerrar el Círculo, invita a cada Mujer a llevarse una velita del centro del altar. Indícales que las enciendan cuando la Mamá esté de parto.

DESPUÉS DEL CÍRCULO

He aquí algunas poderosas formas de ayudar a la Mamá a sentirse apoyada a lo largo del resto del embarazo, parto y posparto:

+ Cread un grupo con todas las Mujeres presentes en el Círculo para enviaros mensajes. Encargad a la Mujer más cercana a la Mamá que avise al grupo cuando la Mamá vaya de parto. Entonces es cuando podéis encender las velitas y pensar un deseo para la Mamá durante esta poderosa iniciación.
+ En lugar de regalos para el bebé, puedes pedir a las Mujeres que cocinen algo cuando este haya nacido. Podéis elaborar un calendario después del Círculo, anotando los platos que le encantan y acordando el día que se los llevaréis.

HOMENAJE AL BEBÉ

Alternativa a la ceremonia del bautismo

Pasados los primeros cuarenta días del parto

*   *   *

Me gusta considerar este homenaje como alternativa al bautizo u otras ceremonias tradicionales.

Cuando estaba embarazada de mi hija, Luna, tenía claro que quería crear un espacio sagrado donde darle la bienvenida al mundo. Respeté los primeros cuarenta días, una tradición que se mantiene en muchas culturas para que la Mujer se quede en casa, se lo tome todo con calma, se cure y establezca vínculos con el bebé y realmente se haga a la idea de esta enorme transformación.

Se dice que los primeros cuarenta días posparto tanto la madre como el bebé se encuentran aún entre dos mundos. Es un período sagrado para que ambos se unan, conecten y se reciban. Los cuarenta días dan espacio para ir poco a poco, con calma, y al propio ritmo, en la comodidad del propio hogar.

Ofrecen espacio para que, una vez listos, los protagonistas salgan juntos al mundo, renacidos, como madre y criatura.

Este Círculo crea la oportunidad de honrar esta bienvenida. De reunir a las Mujeres que te han apoyado en tu camino hacia la maternidad, contarles los detalles del parto, compartir los altibajos del trayecto recorrido y bendecir a madre y bebé.

QUIÉN

Las Mujeres que la han apoyado en su camino hacia la maternidad, incluidas, claro, madre y criatura.

REÚNE

- ✦ Cesta para rituales.
- ✦ Flores que representen bebés, hijos y madres (narciso, velo de novia, margarita).
- ✦ Corona de flores para la Mamá.
- ✦ Colección de cuentas, símbolos y talismanes para confeccionar el atrapasueños.
- ✦ 1 aro de madera.

Pide a cada Mujer que traiga un símbolo que se pueda entretejer en el atrapasueños o móvil infantil, como una pluma, abalorio, cuenta o cristal.

ALTAR

Extiende el mantel ritual. Forma un círculo floral en el centro y distribuye entremedio los símbolos y objetos para el móvil. Coloca las coronas florales para la Mamá y el bebé en sus asientos.

ABRIR EL ESPACIO

Preséntate, explica qué es un Círculo de Mujeres y la intención y el motivo de la reunión. Sahúma las Mujeres en el sentido de las agujas del reloj, y luego sahúma el altar. Evita el uso de salvia, ya que el humo resulta demasiado fuerte para el bebé. En su lugar, puedes usar palo santo. No es necesario sahumar al bebé. Invita a cada Mujer a presentarse, dar a conocer su signo zodiacal, explicar por qué está aquí y dejar su símbolo en el altar.

COMUNICAR LA ENERGÍA

El homenaje al bebé es un espacio sagrado creado para dar la bienvenida a Mamá y bebé al mundo. Es un espacio donde la Mamá compartirá su experiencia, será escuchada, bienvenida y celebrada... y donde el bebé recibirá amor, energía de altas vibraciones y bendiciones para que juntos inicien su camino.

MEDITACIÓN

Conduce una breve meditación para que todas se sientan presentes en el espacio. Pídeles que conecten con su respiración, y visualicen el aire entrando por la nariz y saliendo por la boca. Invítalas a acomodarse en el espacio mientras se preparan intencionalmente para dar la bienvenida a la Mamá y el bebé que regresan de su viaje del parto.

ABRIRSE Y COMPARTIR

Crea un espacio para que la Mamá presente a la criatura al Círculo; invítala a dar a conocer su nombre y el simbolismo que conlleve.

Luego crea un espacio para que la Mamá cuente su parto. Crear un espacio para este relato: sentir que alguien lo escucha es una experiencia inmensamente poderosa.

Invita a la Mamá a abrir el turno de intervenciones contando su historia de maternidad. Anímala a compartir los detalles que desee, y crea un entorno seguro escuchándola con amor y atención.

Cuando termine, crea el espacio para que comparta lo que se haya encontrado en su camino como Madre hasta el momento, cualquier cosa que le esté costando, con la que precise ayuda, lo que sea.

Abre el espacio para que las demás aporten palabras de sabiduría, apoyo o ánimo.

PRÁCTICA

Es un buen momento para adornar a la Mamá. Otra persona puede encargarse del bebé mientras la Mamá recibe un masaje de pies y de espalda, y su corona.

CARTAS DEL ORÁCULO

Id pasando la baraja de cartas para que cada Mujer elija una, con la intención de recibir un deseo para la Mamá y el bebé. Confiad en que recibiréis la energía que necesita para sentirse apoyada.

RITUAL

Confeccionad vuestro atrapasueños o móvil infantil.

Sintonizad con lo que deseáis para la Mamá y el bebé. Una a una, alzaros al pasar el marco para el atrapasueños o móvil, y añadid el abalorio o símbolo elegido, sellando vuestro deseo y bendición para la Mamá y el bebé con él.

Acercaros a la Mamá y el bebé, abrazadlos o besadlos, mientras expresáis vuestro deseo en voz alta.

Cuando todas terminen, presentad el regalo a la Mamá y el bebé.

DESPUÉS DEL CÍRCULO

Indica a la Mamá que puede colgar el atrapasueños sobre la cama donde duerme el bebé, como símbolo de protección y buenos deseos. Les recordará a la Mamá y al bebé cuánto se les ama y apoya.

DECANA

ESTE ES EL ÚLTIMO UMBRAL QUE LA MUJER CRUZA EN SU VIAJE DE FEMINIDAD.

Lo simboliza el final de la menstruación. Esta fase viene típicamente marcada por algunos acontecimientos: menopausia, edad adulta y al final la muerte. Estos son los ritos de paso que nos llaman, marcan y nos conducen hacia la plena aceptación del propósito y lecciones de nuestras vidas.

No es lo mismo una anciana que una mayor sabia. Al conectar con la energía de la decana, nos tomamos un tiempo de reflexión, cosecha y repaso de nuestro trabajo vital, para atender sanaciones de última hora, para poder descansar al final de nuestro recorrido satisfechas de lo que vinimos a hacer.

Tristemente, en nuestra cultura, la reverencia por la edad madura cae en el olvido. En lugar de ello, buscamos ser eternamente jóvenes, esconder las arrugas del rostro, las que nos conducen a nuestro poder.

Hemos olvidado que nuestras mayores poseen la sabiduría que todas anhelamos. Hemos dejado de escuchar sus historias y recibir su luz, por lo que hemos perdido la sanación generacional.

Incluso ellas han olvidado su lugar, porque las escondemos, y al hacerlo bloqueamos el poder femenino más sagrado.

Este capítulo trata de la recuperación de la decana, de celebrar, honrar, reverenciar, ofrecer espacio y escuchar a nuestras mayores.

Porque en sus últimos años, en el legado que nos dejan, sana lo femenino.

CÍRCULO DE MENOPAUSIA

*Un Círculo para honrar a una Mujer que vive
la transición de la menopausia*

Dos años desde que deja de tener la menstruación

* * *

E ste círculo fue ideado y adaptado por la sabia Jane Hardwicke
Collings, y la energía de la decana fue transmitida por mi querida
mentora Fiona Arrigo. Doy las gracias a estas sabias Mujeres.

Esta reunión sagrada honra el final de los años de menstruación. Es un
rito de paso en el viaje de lo femenino que reconoce la energía, el poder
y la vida que se nos ha dado desde el primero hasta el último momento
lunar. Nos congregamos para celebrar, homenajear y apoyar a las Mujeres
de nuestras vidas que cruzan este umbral.

Nuestra cultura, dominada por una mentalidad de soluciones rápidas y
desconexión de la naturaleza, etiqueta la menopausia como una serie de
síntomas indeseados e incluso peligrosos que hay que evitar. Se fabrica
medicación para superar el proceso y se indica a las mujeres que ignoren
los aspectos físicos, emocionales y psicológicos de este significativo rito
de paso. Nos han condicionado para vivirlo con vergüenza, y su poder
medicinal se nos ha ocultado. Es casi como si nuestra cultura nos quisiera
eternamente jóvenes, impidiéndonos alcanzar el poder que conlleva
madurar.

Se dice que cuando a una Mujer se le retira el período, retiene su sangre
sabia, lo cual aumenta su sabiduría. Este momento puede contemplarse
como otro parto en la vida de la Mujer; si bien esta vez se da a luz a sí
misma, a una nueva versión.

Durante demasiado tiempo, la menstruación, el parto y la menopausia,
los tres principales ritos de paso de la Mujer, han dejado de respetarse,
y eso ha contribuido a herir la feminidad mundial. Al celebrar, honrar y
conocer la sabiduría de los ciclos, podemos ayudar a lo femenino a sanar,
en nuestro interior y en el mundo.

Homenajear la menopausia y reclamar este rito de paso es fundamental
para sanar lo femenino, y reclamar el verdadero poder de la Mujer sabia.

QUIÉN

Sus familiares y amigas más íntimas.

REÚNE

+ Cesta para rituales.
+ 1 brasero de interior.
+ 1 ramo de flores rojo oscuro.
+ 1 corona de flores secas para cada Mujer homenajeada.
+ 1 cojín especial junto al altar para que se siente la homenajeada durante
  la ceremonia.

Invita a las Mujeres a traer algo significativo procedente de la naturaleza para añadir al altar.

ALTAR

Extiende el mantel ritual, coloca el brasero encima, en el centro del espacio, y enciende el fuego. Luego dispón las flores rojas alrededor del brasero. Sitúa la corona de flores en el cojín especial, a la espera. Deja la cesta para rituales junto al altar, y las ofrendas de la naturaleza dentro del círculo.

ABRIR EL ESPACIO

Preséntate, explica qué es un Círculo de Mujeres y la intención y el motivo de la reunión. Sahúma las Mujeres en el sentido de las agujas del reloj, y luego sahúma el altar. Invita a cada Mujer a presentarse, dar a conocer su signo zodiacal y contar de qué conocen a la homenajeada.

COMUNICAR LA ENERGÍA

Nos congregamos hoy para homenajear a [nombre] y darle la bienvenida a su próxima etapa de la feminidad, su Otoño, Maga, Menopausia.

Pasar de Madre a Maga es un cambio enorme, un parto metafórico conocido como «cambio de vida».

Este tiempo, este parto, es un momento de autoaprendizaje que culmina en un nacimiento. En este caso, el nacimiento es el de una nueva Mujer, cambiada.

El otoño, como sabemos por los árboles, es una época en que se dejan atrás cosas que ya no son útiles, y es la hora de cosechar. Los frutos que crecían en verano ahora están listos.

Como amigas y compañeras tuyas en tu viaje de Feminidad, reconocemos tu renacimiento en esta estación fructífera.

MEDITACIÓN

Invita al Círculo a cerrar los ojos y empezar a tomar arraigo, respirar hondo tres veces, inspirando por la nariz y espirando por la boca. Notad que el cuerpo os pesa cada vez más mientras os enraizáis en la tierra bajo vuestros pies. Empezad a sintonizar con la Mujer que nos disponemos a homenajear, pensad en ella, preparaos para honrarla, celebrarla y apoyarla en este nuevo paso de su camino.

¿Qué has aprendido de esta Mujer? Piensa en lo que te ha aportado, en lo que ha aportado al mundo desde que la conoces. (Deja una pausa de al menos tres minutos para que afloren las imágenes y recuerdos.)

¿Cómo has notado su camio y transformación? ¿Qué ves en ella que sientas que está lista para ofrecer al mundo? (Deja una pausa de al menos tres minutos para que afloren las imágenes y recuerdos.)

¿Qué deseas para ella? (Deja una pausa de al menos un minuto para que afloren las imágenes y recuerdos.)

Cuando notes que ya sabes lo que deseas compartir con ella, regresa a tu asiento, a este espacio físico sagrado, y si estás preparada, abre los ojos tranquilamente.

ABRIRSE Y COMPARTIR

Abre el círculo para compartir invitando a cada Mujer a hablar de lo que ha descubierto en la meditación. Pide a la homenajeada que escuche y reciba las palabras con el corazón abierto, comprendiendo la medicina que ha dado al mundo a través de las palabras de las otras Mujeres.

CARTAS DEL ORÁCULO

Invita a la homenajeada a barajar las cartas, mientras les pide un mensaje del universo, la energía que necesita para avanzar en su viaje hacia la Mujer sabia de su interior. Anímala a sacar una carta y leerla al Círculo, e invita a las demás a ofrecer una interpretación de lo que puede significar la carta.

RITUAL

Este ritual sirve para honrar y agradecer la sacralidad de su sangre, la sangre que creó vida, que bendijo al mundo. Mientras deja atrás lo que haya sido, la Mujer puede en este momento abrirse a lo que la espera.

Pídele que se acerque al brasero con la corona de flores puesta, y que recoja las flores que lo rodean. Invítala a arrancar los pétalos de cada flor y echarlos al fuego, susurrando (o en voz alta) todo aquello por lo que siente gratitud, lo que está lista para dejar atrás y lo que desea recibir al empezar esta nueva etapa de su vida.

Deja que sus palabras e intenciones queden selladas en el fuego; y dile que el fuego le recordará que ella posee el mismo

DESPUÉS DEL CÍRCULO

Celebrad una cena llena de buena comida y alegría en honor a esta Mujer. Y eso es todo.

HOMENAJE A LA ABUELA

Un Círculo para honrar, celebrar y ofrecer espacio
para tu abuela o las Mujeres mayores de tu vida

El día de su cumpleaños, el Día de la Madre u otro día señalado para ella

*   *   *

No es lo mismo una anciana que una mayor sabia. Una mayor sabia es una Mujer iniciada en el conocimiento y que comparte sus enseñanzas con la generación siguiente.

A menudo desearía poderme sentar con mis abuelas y escuchar sus historias, sus luchas y desafíos, y cómo los afrontaron. Ojalá hubiera escuchado sus enseñanzas. Como las dos ya fallecieron, busco constantemente la sabiduría en las personas mayores que me rodean.

Este Círculo es una invitación a reunirte con las mayores de tu vida, ofrecerles espacio para cosechar, reflexionar e integrar las lecciones aprendidas en su vida, y pasar su sabiduría para unirla a la tuya. Es un trabajo sagrado, antiguo; es lo que siempre se ha hecho. Este Círculo trata de retomar la reverencia a las Mujeres que nos han precedido, que han sanado nuestros viajes, y nos dejan las claves para el trabajo que estamos llamadas a realizar.

QUIÉN

La línea materna (abuelas, madre, hijas, nietas).

REÚNE

- ✦ Cesta para rituales (utensilios para sahumar, cartas de oráculo, cerillas, velitas, velas, papel y bolígrafo para todas).
- ✦ 1 maceta.
- ✦ 1 bolsita con tierra.
- ✦ 1 ramo grande de flores secas.
- ✦ 1 corona de flores secas (confeccionada o comprada).
- ✦ 1 paquete de papel de semillas.*

*El papel de semillas es un tipo de papel hecho a mano que contiene semillas de plantas.

ALTAR

Llena la maceta de tierra y colócala en el centro del altar. Forma un círculo floral con las flores secas. Reparte velitas y velas por entre los espacios vacíos. Dispón la corona de flor seca junto al espacio donde se sentará la abuela. Deja la cesta para rituales cerca del círculo floral.

ABRIR EL ESPACIO

Preséntate, explica qué es un Círculo de Mujeres y la intención y el motivo de la reunión. Sahúma las Mujeres en el sentido de las agujas del reloj, y luego sahúma el altar. Invita a cada Mujer a presentarse, dar a conocer su signo zodiacal y contar de qué conocen a la homenajeada.

COMUNICAR LA ENERGÍA

El homenaje a la abuela es un espacio sagrado dedicado a las personas mayores de nuestras vidas, para escuchar sus historias, empaparse de su sabiduría y honrar su trayectoria vital.

MEDITACIÓN

Invita al Círculo a cerrar los ojos y empezar a tomar arraigo, respirar hondo tres veces, inspirando por la nariz y espirando por la boca. Notad que el cuerpo os pesa cada vez más mientras os enraizáis en la tierra bajo vuestros pies.

ABRIRSE Y COMPARTIR

Pide a la mayor que empiece a reflexionar sobre su trayecto vital, desde que era una joven, y los recuerdos o momentos que le vengan a la memoria. ¿Qué aprendió de jovencita? ¿Qué lecciones incorporó? ¿Cómo creció de pequeña?

Luego invítala a viajar por su etapa como madre. ¿Cómo se sintió al ser mamá? ¿Qué aprendió? ¿Qué momentos destacaría? ¿Qué enseñanzas recibió de esta fértil época de la vida?

Finalmente, invítala a repasar sus años decanos, el paso desde la menopausia que la ha traído aquí, a este preciso instante. ¿Qué retos encontró y qué tuvo que superar? ¿Qué sabiduría la apoya ahora?

Mientras repasa su vida, invítala a expresar gratitud, honrar y respetar los pasos que ha dado, y la vida que con gracia y poder ha vivido.

Porque hoy nos reunimos para honrar, celebrar y reconocer a la joya de la corona, la joya de nuestras vidas que guarda perlas de sabiduría.

Al abrir los ojos, dale la bienvenida al espacio de nuevo colocándole la corona de flores secas.

Pídele que comparta el viaje de su vida. Es importante ofrecerle el espacio y escucharla en este momento, por lo que, si hay niñas pequeñas, conviene explicárselo bien.

Pídele que comparta lo que se le haya ocurrido durante la meditación, al repasar su trayecto vital de Doncella a Madre a Decana.

+ ¿Cuáles son las lecciones más poderosas aprendidas?
+ ¿Qué desea transmitiros?
+ ¿Con qué os pide que os quedéis de su viaje?

Cuando termine, dedica un momento a honrar su trayecto por turnos, compartiendo lo que aporta a la vida de cada una. ¿Cómo te ha acompañado, apoyado, enseñado, cuidado esta persona?

Dedica este momento a agradecer lo que ha hecho por ti.

CARTAS DEL ORÁCULO

Invita a la homenajeada a barajar las cartas, mientras les pide un mensaje del universo, que le recuerde el último aspecto que necesita honrar de su interior. Anímala a sacar intuitivamente una carta y leerla al Círculo, e invita a las demás a ofrecer una interpretación de esta.

RITUAL

Este ritual trata de honrar su trayecto vital mientras ella planta su sabiduría en la tierra.

Con el papel de semillas de la cesta para rituales, pídele que sintonice con las lecciones más trascendentes de su vida. Mientras las anota, pídele que las comente.

Luego, acercándose al altar, invítala a plantar el papel en la maceta con las manos, y regarlo con agua, como si sembrara sus más preciadas lecciones en la tierra.

Pasa la maceta a cada Mujer, con la invitación de cuidar la planta y regarla, para que les recuerde el camino que ella ha preparado al superar los obstáculos, retos y experiencias a los que se ha enfrentado en su vida.

Que esta planta sea un símbolo de la semilla plantada, que florezca y se marchite: el triplete perfecto de Doncella, Mamá y Decana.

DESPUÉS DEL CÍRCULO

Celebrad una cena, merienda o almuerzo para honrar la joya de la corona de vuestra vida. Podéis cocinar una receta de la familia, como símbolo del hilo que os conecta.

PALABRAS DE CIERRE

La intención del presente libro era crear un manual que te sirviera a ti, tus hermanas, tus hijas, tu madre y todas las Mujeres de tu comunidad.

Un libro de inspiración que empezara a tejer los hilos del recuerdo, para poder continuar con confianza y crear tus propios espacios sagrados donde reuniros tú y las Mujeres de tu vida.

Recuerda que no es necesario tener experiencia en la celebración de Círculos para ello; yo empecé hace muchos años desde cero.

Empieza ya, y la medicina de tu interior se extenderá como magia. Cuantos más Círculos organices, más profundos serán.

Mi deseo es que este libro riegue las semillas que viven dentro de ti, las que tus antepasadas sembraron hace tanto tiempo.

Mi deseo es que un día cercano todas veamos a nuestro alrededor el florecimiento de jardines de espacios sagrados en cada ciudad, cada pueblo, como antes: el Círculo de Mujeres recuperado y restablecido en la Tierra.

Lo tienes en la palma de las manos. Deja que este libro te inspire y recuerdes.

Lo has llevado siempre dentro. Porque la verdad del Círculo permanece: no termina nunca.

AGRADECIMIENTOS

Dedico este libro a mi madre, fuente de infinita creatividad, amor e inspiración en mi vida. Me has guiado por este camino, y me has pasado la antorcha, sé que juntas estamos sanando nuestra línea femenina. Este libro también está dedicado a mi hija Luna. Mientras me preparo para pasarte la antorcha un día, deseo que la lleves con toda la luz, fuerza, magia y valentía de las mujeres que te han precedido.

Escribí este libro en honor a todas las Mujeres que me han precedido y a todas las que me sucederán.

A los dones, lecciones, enseñanzas y viajes que compartimos.

La verdad es que son muchas las que me han ayudado a sacarlo a la luz.

Si no puedes celebrar un Círculo de Mujeres sola, ¿cómo vas a escribir un libro sobre Círculos de Mujeres sola?

Gracias a todas las que han contribuido, apoyado, guiado y ofrecido espacio para que pudiera dar vida al libro.

Mis maestras, mis guías, mis matronas.

A Zoe Hind, gracias por acogerme bajo tus alas y ayudarme a recordar.

A Fiona Arrigo, por tu sabiduría de mayor y por creer en mí.

A mis doulas Samsara y Debbie, por ofrecerme espacio al dar a luz a mi bebé y al libro.

A Kathy Hertz, por ser mi Mamá Diosa y devolverme siempre a mí misma.

A mi doula editorial, Saveira, gracias por crear el recipiente para sacar este libro adelante.

A Jane Hardwicke Collings, por tu sabiduría y el trabajo que llevas a cabo.

A mis hermanas, que han apoyado el florecimiento de este libro.

Ste, la creadora que se unió a mí en este viaje tremendo y con su don fotográfico capturó la esencia del Círculo de Mujeres: te querré siempre.

A Helena Doughty, por ayudarme con la creación de este libro, y por su apoyo y cariño constantes.

A Nicci Harrison, por ofrecer tu Círculo de duelo para este libro. Gracias por compartir tu profunda medicina con todas. Encontrarás a Nicci en @thegriefspace.

A Kumari, por cuidarnos a mí y a Luna durante este proceso y siempre. Siempre serás mi hermana.

A Carol Doughty, mi madre política, por estar siempre ahí y apoyarnos a Luna y a mí.

A Nicola, por ver este libro antes de que existiera, y por creer siempre en mí, mis palabras y mis escritos.

A los ángeles de los libros, que escucharon mi petición de apoyo. Nunca habría imaginado una tribu de mujeres más divina para ayudarme con la realización de este sueño.

A Alice de Meadow Folk, gracias por las flores, las semillas, los círculos florales que has formado y la magia puesta en ellos.

A Alice de Home Farm Glamping, gracias por regalarnos el privilegio de usar la más maravillosa localización para las fotografías del libro.

A Zoe de SouLand Yoga, gracias por acogernos en tu espacio sagrado, que fue un sueño.

A Alice, editora de Hardie Grant, gracias por creer en mi visión y en mí. Colaborar contigo ha sido un sueño hecho realidad.

A Tali Zeloof, por apoyarme y ayudarme a seguir mi arte. Te quiero mucho.

A Valeria, mi agente literaria, gracias por tu apoyo y habilidades para conseguir que este libro se manifestara.

A todas las mujeres mágicas reunidas conmigo para la sesión de fotos, no soy capaz de describir con palabras lo que pasó aquel día, pero sé que todas lo sentisteis. En honor a todas: Camilla, Amelia, Gemma, Grace, Jess, Leonara, Nicci, Nina, Rebecca, Viviene, Kim, Farah, Paris, Melinda, Morgan, Minal. Y a las mujercitas que hicieron realidad mis visiones: mi hermana Lyla, las bellas Pearl y Rachel, y por supuesto mi estrella, Luna.

Gracias a todas las mujeres que llevan a cabo este trabajo, y a todas las que os preparáis para volver a hacerlo.

Y, para terminar, aunque casi no he mencionado lo Masculino en el libro, la verdad es que no estaría haciendo lo que hago sin ellos. Mi esposo, Michael, y mi perro espiritual, Harley, me apoyan como no puede hacerlo lo femenino. Sois los guardianes de mi espacio sagrado, las rocas de mi vida, mi hogar. Gracias por ser todo lo que sois.

Primera edición: marzo de 2023

Impreso en China
Depósito legal: B 19106-2022
Código Thema: VXW
Misticismo, magia y rituales

ISBN 978-84-19043-13-9

MIX
Paper from
responsible sources
FSC® C020056

Anoushka Florence es una autora británica, fundadora de The Goddess Space. Su trabajo se basa en las antiguas prácticas espirituales femeninas enraizadas en la creencia de que el poder de curarse y de manifestar y vivir la vida con que soñamos reside en nuestro interior. A través de sus conocidos Círculos de Mujeres y espacios online, Anoushka reclama y crea oportunidades para que las mujeres rindan homenaje, celebren y recuerden los ritos de paso, los significados ocultos y el verdadero poder que todas las mujeres pueden alcanzar a lo largo de su vida. The Goddess Space organiza Círculos de Mujeres, formaciones, sesiones individuales, grupos sagrados online, acontecimientos y reuniones rituales privadas, con motivo de una boda o la llegada de un bebé. *Círculo de Mujeres* es el primer libro de Anoushka.

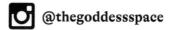 @thegoddessspace